MÜNSTER mit Hund
DER neue STADTFÜHRER
14 Touren für 4 Pfoten

Aus Münster
Für Münster
Von begeisterten Münsteranern
&
Kira 🐾

---

14 interessante Schnüffelstrecken durch die Stadt,
Parks, Wiesen & Felder, Wald & Flur, am Wasser entlang,
Freilaufzonen & Schwimmmöglichkeiten
& über 300 Münster-Fotografien

mmm
münstermitte
medienverlag

Münster hat Hunden wirklich etwas zu bieten ...

... und nicht nur Pudel fühlen sich hier pudelwohl.

Unser Stadtführer mit 14 hundefreundlichen Schnüffeltouren richtet sich sowohl an Münsteraner als auch an Münster-Besucher, die unsere Stadt gemeinsam mit ihrem besten Freund entdecken wollen.

Egal ob Promenadenmischung, Dackel, Dogge oder Dalmatiner – diese Routen sind ein Spaß für Vierbeiner und angereichert mit viel Wissenswertem und einer Prise Kuriositäten auch für die dazugehörigen Zweibeiner! Also, Nase in den Wind und los geht's! Erleben Sie die hundefreundlichsten Seiten unserer Stadt!

Ein tierischer Stadtführer von begeisterten Münsteranern & Kira

Zentrale Gestalt unseres tierischen Stadtführers ist **Hundedame Kira**: 10 Jahre, Vater Labrador-Australian-Shepherd-Mix, Mutter Münsterländer-Border-Collie-Mix, routinierte Münster-Kennerin, begeisterte Schnüfflerin, ausdauerstarke Läuferin, Kanal-Schwimmerin, Hundekeks-Spezialistin Leberwurst-Genießerin, Fotomodel und Tour-Testerin. Zusammen mit Frauchen, Fotografin **Birgit Leimann**, in Münster bekannt mit himmelblauer Leeze mit der Aufschrift „Münster in Bildern on tour", hat sie die Routen inspiziert, sich geduldig bei den Sehenswürdigkeiten ablichten lassen und die Ausflüge tierisch genossen. Wäre es nach ihr gegangen, könnte das Buch ruhig doppelt so dick sein. Belohnt wurde sie für ihre gute Laune, ihre verständnisvollen Blicke sowie ihr gehorsames Verhalten und ihre liebevollen Ermunterungen weiter zu gehen mit einer nicht unerhebliche Menge Hunde-kekse, Kauknochen und diversen Broten mit Hundeleberwurst.

Bei Facebook und Instagram können Sie ihre wundervollen Foto-grafien unserer Stadt immer wieder bewundern. Unter „Münster in Bildern" hat Fotografin **Birgit Leimann** sich mit brillanten und stimmungsvollen Fotografien einen Namen gemacht. Mit Kira zusammen ist sie ein eingespieltes Team.

Mit Akribie und Herzblut recherchiert und notiert hat **Dr. Lisa Brößkamp**, die ihr fundiertes Münsterwissen bereits in ihren erfolgreichen Büchern „Münsters beste Seiten – Das Stadtlexikon" sowie „Münster – Der neue Stadtführer" gezeigt hat und selbst Dosenöffnerin für Airdale-Terrier-Hundedame Lexa ist.

Texte und Fotografien attraktiv verpackt hat **Michael Krybus**, stets ausgerüstet mit Leckereien für Agentur-Hund Tia und Verlags-Hund Balou und seit diesem Buch auch für unsere Stadtführerin Kira.

AUF EINEN BLICK

Münster muss man erleben!

Das Zusammenspiel von Jung und Alt, Historie und Moderne sowie regionale Besonderheiten machen den ganz besonderen Charme und die Schönheit Münsters aus. Hinzu kommen die zahlreichen innerstädtischen Grünflächen sowie die Parks und Wälder rund um die Stadt und am Stadtrand. Münster muss man erleben. Und Sie werden sehen: Auch Ihr Hund fühlt sich hier pudelwohl.

Münster – hundefreundliche Stadt

Wir sind überzeugt: Münster ist hundefreundlich. Was lieben Hunde noch mehr als Leckerlis oder Spielen? Einen langen Spaziergang in der Natur, über Felder, Wald und Wiesen, nach Möglichkeit mit Wasserflächen. Was für Frauchen und Herrchen in ländlichen Gebieten kein Problem ist, stellt die Hundebesitzer in Großstädten häufig vor große Herausforderungen. Außerdem sind bei Gassi-Gängen Menschenmengen, Straßenverkehr und Lärm alles andere als entspannt für Mensch und Tier. In den Städten sind erholsame Hunderunden häufig nur möglich, wenn man längere Anfahrtswege auf sich nimmt.

Anders in Münster: Die Westfalenmetropole hat einen hohen Anteil an grünen und stadtnahen Spazierwegen und Grünflächen, einige aus der Innenstadt schnell zu erreichende Freilaufflächen für Ihren Vierbeiner und ganz viel Wasser. Da ist es nicht verwunderlich, dass sich die über 10.000 in Münster gemeldeten Hunde hier wohlfühlen und Gäste ihre Vierbeiner auch gern mitbringen. Um ihr gesundheitliches Wohlergehen kümmern sich rund 140 Tierärzte vor Ort. Und wenn der Hundehalter mal seinen Kotbeutel vergessen hat, auch da hilft Münster gern. An 80 Tütenspendern in öffentlichen Grünanlagen über das ganze Stadtgebiet verteilt haben Frauchen und Herrchen die Möglichkeit, kostenlose Hundekotbeutel zu ziehen.

Scheuen Sie sich nicht, Münster mit Hund zu erobern und zu genießen. Immer wieder finden Sie in der Innenstadt kleinere Grünflächen. Mitten durch die City verläuft der idyllische Uferweg entlang des Flüsschens Aa, es schließt sich direkt das große Naherholungsgebiet Aasee mit Freilaufzonen und Möglichkeiten für Ihren Hund, ans und ins Wasser zu gehen, an. Am Aasee liegt auch

der Allwetterzoo, in dem Ihr treuer Freund willkommen ist. Herzstück von Münsters Grünsystem ist die 4,5 km lange Promenade mit ihren Schanzen, die einmal komplett rund um die Altstadt verläuft und Ihnen immer wieder Möglichkeiten gibt, in die Innenstadt abzubiegen. Es schließen sich weitere Parks direkt an, wie der Schlosspark im Westen an und etwas weiter der Wienburgpark im Norden mit großen Freilaufwiesen. Oder Sie gehen an den Dortmund-Ems-Kanal, wo Ihr Vierbeiner ebenfalls ins Wasser kann, oder an die Werse. Und wenn Sie ganz viel Natur mit vielfältiger Flora und Fauna erleben wollen, machen Sie sich auf in das Europareservat Rieselfelder. Wunderschöne Waldspaziergänge, z.T. endlos lang, bieten die großen Wälder rund um die Stadt.

Und die zahlreichen Parks bieten Naturgenuss zu jeder Jahreszeit und für alle Geschmäcker – für Mensch und Tier. Diese Naherholungsgebiete sorgen zudem für ein angenehmes Klima in der Stadt und bestimmen die hohe Lebensqualität. Nicht zuletzt das allgegenwärtige Grün macht diese Stadt so lebens- und liebenswert. Und auch das ist typisch Münster: Das flächendeckende Angebot an Erholungsanlagen und Naturräumen kann durch ein geschlossenes Netz von Fahrrad- und Wanderwegen problemlos erreicht werden.

Münster – Friedensstadt

Münster ist die Stadt des Westfälischen Friedens. Auch wenn dieses historische Ereignis schon über 370 Jahre zurückliegt, sieht die Stadt es als ihre Verpflichtung, dieses Stück europäischer Geschichte auch für zukünftige Generationen lebendig zu halten.

Im 17. Jahrhundert machte Münster in kürzester Zeit eine gesellschaftliche Totalwandlung durch: vom ländlichen Münster zur multikulturellen Hochburg. Grund waren die Friedensverhandlungen. Zu Beginn des 17. Jahrhunderts erwuchsen aus durch die Reformation hervorgerufenen Glaubensspaltungen viele religiöse Konflikte. Sie mün-

deten in den 30-jährigen Krieg, der fast alle Länder Europas miteinbezog. Die 5-jährigen Friedensverhandlungen führten am 15.05.1648 im Friedenssaal des Rathauses zur Unterzeichnung des spanisch-niederländischen Friedens, dem im Oktober der Abschluss des Westfälischen Friedens folgte.

Allgegenwärtig ist der Begriff „Frieden" in der Stadt. Am Rathausturm am Platz des Westfälischen Friedens hängt eine Friedenstaube. 1998 zum 350. Friedensjubiläum wurde erstmals der Westfälische Friedenspreis verliehen, seither findet die Preisverleihung alle 2 Jahre in Münster statt. Preisträger sind u.a. der Dalai Lama, Kofi Annan und Helmut Schmidt.

Münster – Fahrradstadt

In vielen größeren Städten ist es schon eine besondere Herausforderung, mit Hund an der Leine am Fahrrad durch die Stadt zu fahren. Theoretisch ist es da in Münster viel leichter: Es gibt zahlreiche extra ausgewiesene Fahrspuren, eigene Ampelschaltungen und beidseitiges Einbahnstraßenfahren. Und es gibt mit der Promenade (S. 27ff) sogar eine „Fahrradautobahn" rund um die City. Sie können dort

wunderbar mit Ihrem Hund entlanggehen oder -radeln und zwischendurch immer in die Stadt fahren, je nachdem, wohin Sie wollen. So müssen Sie mit Ihrem Hund nicht quer durch die Innenstadt laufen, wenn's mal sehr voll sein sollte. Praktisch kann diese Fahrradfreundlichkeit aber auch schon mal anstrengend sein: Das Fahrrad ist nämlich das meistgenutzte Verkehrsmittel und

so wundert es nicht, dass täglich mehr als 100.000 Menschen mit der Leeze (Masematte S. 10) auf dem über 300 km langen Radwegenetz unterwegs sind.

Ca. 500.000 Räder sind in Münster registriert, bei knapp 310.000 Einwohnern. Dies hat einen einfachen Grund: Viele sind auf ihr Rad angewiesen und haben für den Fall der Fälle ein 2. Rad parat stehen. Bei dieser Menge an Fahrrädern ist es kein Wunder, dass sich in Münster das größte Fahrrad-Parkhaus Deutschlands inklusive Fahrradwaschanlage befindet.

Münster – Stadt der Wissenschaft

In 8 Hochschulen wird in Münster Zukunft gemacht. Die Uni in Zahlen: 45.371 Studierende an 15 Fachbereichen, 110 Fächer in 280 Studiengängen, 7.900 Mitarbeiter, darunter 614 Pro-fessoren, 62 Junior-Professoren und 5.050 wissenschaftliche Mitarbeiter. (Stand WS 2017/18)

Dazu kommen noch 10.000 Menschen, die in den Unikliniken arbeiten. Spitzenforscher tummeln sich im Max-Planck-Institut für Molekulare Biomedizin, im Wissenschaftspark am Technolo-giehof und im Center für Nanotechnology.

Münster – Stadt der Kunst und Kultur

Münster ist Kulturstadt von internationalem Rang. Faszinierend ist das breite Spektrum der Kultur, ob in den oft temporären Locations einer vibrierenden jungen Szene, in einem der über 30 Museen oder im öffentlichen Raum.

In den Museen sind Hunde zwar nicht erlaubt, jedoch müssen Sie als Hundelieb-haber in Münster deshalb nicht auf Kunst verzichten. Denn Kunst und Kultur finden in Münster zu einem wichtigen Teil im öffentlichen Raum statt. Einzigartig präsentie-ren sich über 60 Skulpturen im öffentlichen Ausstellungsraum innerhalb Münsters wie sonst nirgendwo auf der ganzen Welt. Die Werke sind zum größten Teil für die „Skulptur.Projekte" entstanden, eine Ausstellungsreihe, konzipiert und durchgeführt vom LWL-Landesmuseum für Kunst und Kulturgeschichte des Landschaftsverbandes Westfalen-Lippe.

Erstmals 1977 und danach alle 10 Jahre wird Münster ein Laboratorium für „Kunst im öffentlichen Raum". Internationale Künstler bekommen die Möglichkeit, Skulpturen für bestimmte Orte in Münster zu realisieren: hochaktuelle Kunst in einem städtischen Umfeld von historischer Bedeutung. Über eine halbe

Million Kulturbegeisterte machen die Stadt während der Ausstellungen zum Hotspot der internationalen Kunstszene.

Von den Skulpturprojekten sind etliche Kunstwerke in der Stadt geblieben, von diesen Relikten sind ein paar inzwischen Ruinen, andere hingegen werden wie Reliquien verehrt oder haben sich sogar zum Wahrzeichen etabliert.

Münster – Stadt der Kirchen

Münster ist eine Stadt der Kirchen. Das zeigt nicht nur ihre von über 60 Kirchtürmen geprägte Skyline. Münster ist Bischofssitz und Domstadt und insbesondere die Innenstadt zeichnet sich durch eine Vielzahl von beeindruckenden Gotteshäusern aus. Den Betrachter erwartet – nicht nur in der Architektur sondern auch in der Ausstattung – ein großes Spektrum an Epochen und Kunstgattungen. Doch herrscht in den Gotteshäusern Hundeverbot, aber es lohnt sich allemal, sich von deren Außenarchitektur beeindrucken zu lassen.

Münster – Krimistadt

Ausgerechnet Münster, die beschauliche Westfalenmetropole -

eine Hochburg des Verbrechens? Schwer zu glauben, ist aber so, zumindest in 2 beliebten Fernsehkrimi-Serien. Millionen Menschen verfolgen am Bildschirm, wenn Privatschnüffler Wilsberg oder das exzentrische Tatort-Duo Boerne und Thiel hier auf Verbrecherjagd gehen.

Die Figur des Georg Wilsberg entstammt einer erfolgreichen Krimireihe, des Münsteraner Autors Jürgen Kehrer. Der

Buchantiquar leidet permanent an Geldmangel und nimmt nebenbei Aufträge als Privatdetektiv an. Skurrile Typen mit geistreich witzigen Dialogen und häufig jede Menge Klamauk statt blutigem Ernst, damit punktet der Münster-Tatort. Bundesweite TV-Einschaltrekorde sind Kommissar Thiel (Axel Prahl) und dem arroganten Pathologen Professor Boerne (Jan Josef Liefers) sicher.

Machen Sie es mit Ihrem Hund so, wie es die Münsteraner und viele Touristen lieben: Folgen Sie den Spuren der Kriminalisten und nehmen die Schauplätze unter die Lupe, wie Schloss (S.51), Prinzipalmarkt (S. 39, 44), Domplatz (S.47f). Sie werden sehen: Besonders beim Antiquariat Solder, im Film das „Antiquariat Wilsberg", (S. 46) sind Sie in der Regel nicht die einzigen, die hier in TV-Erinnerungen schwelgen.

Münster – Stadt der Gegensätze
Einerseits ist unübersehbar, dass Münster zu den „Historic Highlights of Germany" zählt: Das Panorama der Kaufmannsgiebel am Prinzipalmarkt, der mächtige St. Paulus-Dom, das barocke Schloss, die Spuren der Täufer, jahrhundertealte Kirchen und elegante Adelshöfe prägen das Stadtbild. Andererseits schlägt der Puls der alten Westfalenmetropole überraschend jung und lebendig: Für quirliges Leben und stetig neuen Zustrom sorgen 60.000 Studierende – deren Bevölkerungsanteil ist für eine Großstadt mit knapp 310.000 Einwohnern deutschlandweit einzigartig.

Münster – Weihnachtsstadt
Wenn die Stadt wieder ganz besonders glänzt, am Montag vor dem 1. Advent, ist es soweit: Alle Jahre wieder zur Adventszeit erstrahlt Münster nicht nur im Glanz seiner angestrahlten historischen Gebäude, sondern zusätzlich im Lichter-

glanz seiner 5 Weihnachtsmärkte, die sich wie die Perlen an einer Schnur einmal durch die Stadt ziehen, jeder mit eigenem Flair. Aber so schön sie auch sind, für Ihren Vierbeiner ist ein Besuch insbesondere an den Adventwochenenden kein Vergnügen.

Münster – Genussstadt

Gastronomisch hat Münster aufgrund seiner recht vielschichtigen Bewohner sehr viel zu bieten: So finden sich in der Innenstadt zahlreiche Traditionslokale, die typisch westfälische Spezialitäten auf den Tisch bringen.

Daneben gibt es natürlich hervorragende Restaurants mit Spezialitäten aus aller Welt. Vor allem durch die Studentenszene ist das Gastro-Angebot weltoffener geworden, internationaler, moderner und zeitangepasster. Auch in Münster sind z.B. Tapas-Bars im Trend, der Kaffee-Sektor boomt, es gibt exotisches Fastfood und leckere vegetarische und vegane (Bio-)Gerichte finden sich auf den meisten Speisekarten.
Grundlage für Traditionslokale ist nach wie vor die ländlich-westfälische Küche. Hierzu zählen auch Töttchen und Pfefferpotthast, Grünkohl mit Mettendchen, dicke Bohnen mit Speck, Wurste- und Leberbrot und Pfannkuchen.

Münster – Stadt mit „jovlen Keilofs"

Wenn Sie in Münster jemand auf Ihren „jovlen Keilof" anspricht, erschrecken Sie nicht. Es geht ganz einfach um Ihren tollen Hund. Diese beiden Worte sind typisch für Münster und bedeuten nichts anderes als „toller" und „Hund". Sie kommen nämlich aus der münsterschen Geheimsprache „Masematte".

Früher wurde diese Sondersprache oder auch Geheimsprache in den sozial schwächeren Wohngebieten gesprochen. Seit Kriegsende erwacht sie nach und nach wieder zum Leben.

Beispiele:

Abnippeln – sterben   *Leeze – Fahrrad*
Döppen – Augen   *Meimel - Regen*
Fleppe – Gesicht, Führerschein *meschugge – dumm*
Jontef – Spaß   *Plinte – Unterhose*
jovel – klasse, toll   *poofen – schlafen*
Kaline – Mädchen, Frau   *Seeger – Mann, Kerl*
Keilof – Hund, Köter   *schofel – gemein, schlecht*

DOGlive ®

Münsters Hundemesse und Event

Messe und Congress Centrum
Halle Münsterland

www.doglive.de

Mit
**DOGLIVE
Gala**

Deutschlands größte Hundeshow

Mein Hund
& Ich

Follow us on:

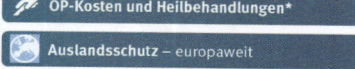

Aasee mit Mühlenhof & Allwetterzoo

Naherholungsgebiet mit Freilaufzone mitten in der Stadt

AUF EINEN BLICK:

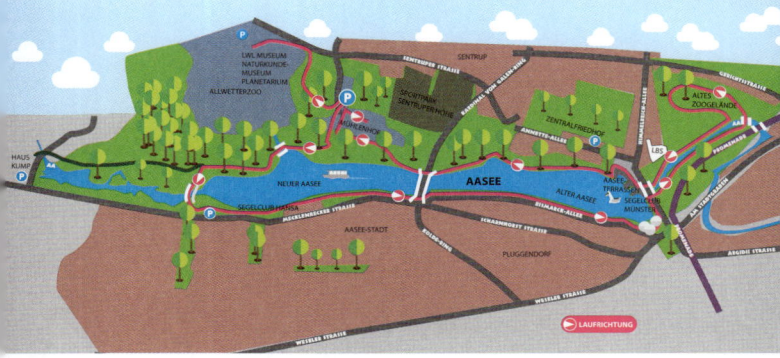

Aaseepark gesamt:
90 ha, Uferweg knapp 6 km, Umrundung dauert ungefähr 1,5 bis 2 Stunden, insgesamt ca. 10 km Spazierwege

Abkürzungsmöglichkeiten durch Fahrt mit dem Wasserbus Solaaris (von März bis Oktober)

Aaseerundfahrt mit der Solaaris: 60 Min., Aaseeterrassen bis Mühlenhof (15 Min.) oder bis Allwetterzoo (30 Min.), verschiedene Anlegestellen, verschiedene Fahrten

Freilichtmuseum Mühlenhof: 5 ha, durchschnittlich 1,5 Stunden je nach Besichtigungsintensität

Allwetterzoo: 30 ha, ca. 5 km Besucherwege, durchschnittlich 2 Stunden je nach Besichtigungsintensität; ca. 5 km entfernt vom Stadtzentrum

Freilaufzone am hinteren Teil des Sees

Wuff! Immer am Wasser entlang!

Natur und Kultur vereint – ein Rundgang im *Aaseepark* ist für Hund und Halter immer etwas ganz Besonderes. Man kann einmal um den See herumgehen. Das sind knapp 6 km Weg, aber zwischendurch gibt es immer wieder Möglichkeiten, kleine Zusatzschleifen einzubauen oder den *Mühlenhof* und/oder den *Allwetterzoo* zu besuchen, in denen Hunde an der Leine willkommen sind.

Der *Aasee* ❶ ist ein künstlicher Stausee mitten in Münster. Er wurde in den Jahren 1926-1934 angelegt.

Der westliche Teil hinter der Torminbrücke kam erst in den 1970er Jahren hinzu. Er staut das Wasser der münsterschen Aa und dient dem Hochwasserschutz. **Münsters größtes Naherholungsgebiet** ist 90 ha groß, der See hat eine Wasserfläche von 50 ha, ist 2.100 m lang und 2 m tief. Dieser gesamte Bereich trägt nicht nur die Auszeichnung „Deutschlands schönster Park" (2008), sondern sogar „Europas schönster Park 2009".

Ungefähr in der Mitte führt eine Brücke über den Aasee, die **Torminbrücke** . Von der Stadt aus gesehen im vorderen Teil besteht **Leinenpflicht** für Hunde, hinter der Torminbrücke herrscht dann die große Freiheit für die Vierbeiner. Sie können auf den Wiesen rennen, im Unterholz schnuppern oder im Wasser planschen.

Heute übernimmt der Aasee trotz seiner phasenweise schlechten bis giftigen Wasserqualität wichtige ökologische Funktionen als Lebensraum für viele Tier- und Pflanzenarten. Die schlechte Wasserqualität wurde ihm im Sommer 2018 zum Verhängnis. Wegen der wochenlangen Hitze sind hier zentnerweise Fische verendet - eine ökologische Katastrophe.

Ein Teil des Aaseeparks ist ausgewiesene Freilaufzone für Hunde.

Wenn Sie mit dem Auto zum Aasee fahren, empfiehlt es sich, am *Freilichtmuseum Mühlenhof* zu parken. Die Parkplatznutzung ist kostenfrei, man ist nur wenige Schritte vom Aaseepark entfernt und die Hunde können sofort ohne Leine losrennen. Um die gepflegten Parkflächen sauber zu hinterlassen, gibt es direkt am Parkplatz auch einen Ständer mit Hundekotbeuteln, mit denen Sie sich auf jeden Fall eindecken sollten. Nicht vergessen!

Vom Parkplatz aus gibt es drei Ausgangs-Möglichkeiten für den Spaziergang. Entweder man besucht das Freilichtmuseum Mühlenhof oder den ganz in der Nähe liegenden Allwetterzoo. Richtig gehört: In beide Anlagen sind Hunde willkommen, natürlich an der Leine. Oder man geht direkt in Richtung *Aasee*.

Angeleinte Hund willkommen!

Hundekotbeutelspender am Parkplatz

Geöffnet: montags bis sonntags 10:00-18:00

Übrigens gibt es am Aasee mehrere Möglichkeiten, Hundekotbeutel zu ziehen. Die großen Wiesen sind bei gutem Wetter ein Eldorado für Picknicker und sollen es auch bleiben.

Das *Freilichtmuseum Mühlenhof* ❸ bewahrt und vermittelt in ganz eigener Form etwas von der Kultur, dem Handwerk und der Geschichte dieser Region. Als Museumsdorf wurde es mit seinen inzwischen 30 Gebäuden rund um eine *Bockwindmühle* ❹ aus dem Jahre 1748 errichtet. Je nach Besichtigungsintensität benötigen Sie für das 5 ha große Museumsareal ca. 1,5 Std.

Der Weg vom Parkplatz direkt zum *Allwetterzoo* ❺ führt durch eine Grünanlage mit dem Weg der Jahresbäume. Jedes Jahr

im April wird dort ein neuer Baum gepflanzt, und zwar immer der Baum des jeweiligen Jahres. Infos liefern Erklärungstafeln.

Auf dem knapp 5 km langen Weg durch den Zoo sieht man einen Großteil der rund 3.000 Tiere der 311 verschiedenen Tierarten aller Kontinente. Und das Tolle: Selbst bei Regen macht es Spaß, hier zu sein, denn die Gehege sind durch überdachte **„Allwetter-gänge"** miteinander verbunden, daher auch der Name „Allwetterzoo".

 Sollten Sie übrigens mit dem Wasserbus Solaaris *kommen, erleben Sie etwas ganz Besonderes: Sie fahren über den Zookanal vorbei an den Kapuzineraffen und Geparden in den Zoohafen. Münsters Zoo ist übrigens der einzige Zoo in Deutschland, den Sie über den Wasserweg erreichen können.*

 Anleinpflicht im Zoo!

Geöffnet: täglich ab 9:00 Uhr, März und Oktober bis 17:00 Uhr, April bis September bis 18:00 Uhr, November bis Februar bis 16:00 Uhr

🐾 *Angeleint dürfen Hunde sogar kostenlos die Tiere besuchen, nur das Pferdemuseum, der Streichelzoo und begehbare Tiergehege (Affen, Loris) sind für sie verboten.*

🐾 *Der Zoo hat ein Herz für angestrengte Hunde: Gegen den Durst stehen an vielen Tierhäusern Wassernäpfe.*

Besonders spannend ist es immer bei den **Sibirischen Tigern**. Sie sind durch eine bodentiefe Glasscheibe von den Besuchern getrennt und man steht ihnen direkt Auge in Auge gegenüber. ⑦

Ganz wohl war mir nicht, aber Frauchen hat gesagt, es passiert nichts. Und sie hat ja meistens recht!

Direkt hinter dem Zoo in Aaseenähe gibt es einen kleinen Wald, in dem es für die Hunde viel zu entdecken und unendlich viele interessante Gerüche gibt. Zwischen diesem Wald und dem Aasee führt noch eine Wiese etwas vom Aasee weg. Auch hier haben die Hunde viel Platz zum Rennen. Diese Wiese endet kurz vor **Haus Kump**, einem alten Hof aus dem Jahr 889. Der dortige Speicher wurde 1549 gebaut und ist das älteste bäuerliche Gebäude in Münster.

Doch um sich nicht komplett zu verzetteln, bleiben Sie in Tuchfühlung mit dem Aasee und laufen um die Wiese herum direkt zu einer kleinen **Brücke** ⑧ mit zahlreichen bunten **Liebesschlössern** ⑨, die auf die andere Aaseeseite führt. Übrigens steht kurz vor dem Hansa Segelclub auf der linken Seite eine weitere Station mit den Hundekotbeuteln.

Die Torminbrücke zieht nun einen Schlussstrich unter die große Freiheit für die Hunde, die Leine muss wieder her. An diesem älteren Teil des Aasees herrscht Leinenpflicht.

Wundern Sie sich nicht, wenn Sie sonntags zwischen 10 und 18 Uhr unter der **Torminbrücke** 🔟 hergehen und Gesang hören. Seit der **Skulpturenausstellung 2007** ertönt hier aus Lautsprechern die Arie „Barcarole" aus der Oper „Hoffmanns Erzählungen" von Jacques Offenbach. „Das verlorene Spiegelbild" hat die Künstlerin Susan Philipsz diese Installation betitelt.

Leinenpflicht ab Torminbrücke!

Pop-Art-Künstler Claes Oldenburg stellte die Kugeln 1977 anlässlich der ersten „Skulptur-Projekte", die mittlerweile alle 10 Jahre in Münster stattfinden und die Stadt zu einem künstlerischen Hotspot gemacht haben, unter Protest vieler Münsteraner dort auf. Heute sind sie ein geliebtes Markenzeichen des Aasees und der gesamten Stadt.

Weiter geht es nun angeleint in Richtung der großen Wiese 1️⃣1️⃣ mit den Riesenkugeln, den **Giant Pool Balls**. 1️⃣2️⃣

In den Münster-Krimis werden am See häufiger Leichen gefunden! Im Moment sehe ich zum Glück keine.

🐾 *Die Solaaris hat ein Herz für Hunde und nimmt uns kostenlos mit.*

Dem Fußweg am See entlang folgend komm man an der ***Anlegestelle der Solaaris*** 13 vorbei, dem Wasserbus, der im Frühjahr und Sommer täglich regelmäßig über den Aasee Richtung Mühlenhof und Allwetterzoo schippert. Eine wunderbare Gelegenheit, der Aaseepark vom Wasser aus zu erleben. Das Boot führt Hund und Halter außerdem schne wieder zum Ausgangspunkt.

Sollte aber noch Zeit bestehen, bietet sich e Abstecher in den Bereich des *„**Alten Zoos**"* Dazu biegen Sie kurz vor der schwimmende Brücke 14 über das Flüsschen Aa rechts ab, gehen unter der ***Goldenen Brücke*** 14 her un laufen ein Stück an der Aa entlang.

Schon bald ist das große weiße Gebäude vor der ***Landesbausparkasse LBS*** 15 zu sehen. E steht im Bereich des ehemaligen Zoogeländ das dort bis 1974 die Tiere beherbergte. Da

🐾 *Die Goldene Brücke heißt übrigens so, weil ihre Baukosten im 19. Jahrhundert so hoch waren, dass es hieß, sie hätte auch aus Gold errichtet werden können.*

sind sie in den Allwetterzoo umgezogen. Kurz vor
der kleinen Brücke, die in
das ehemalige Zoogelände
führt, wird es künstlerisch
wertvoll. Hier steht eine
von Münsters größten
Bronzeskulpturen (8,5 m
lang und 3,5 m hoch), die
„*Taten des Herakles*",
mit ihren zahlreichen
Figuren, 1973 vom Sendenhorster Bron-
zegießer Bernhard Kleinhans geschaffen.
Ihre Vielgliedrigkeit und ihre bizarren Formen bieten einen besonderen
Kontrast zu der Bronzeskulptur „*Large
Vertebrae*"  von Henry Moore ganz
in der Nähe.

Außerdem befinden
sich hier die *Abluft-
plastiken* ⑰ von Fried-
rich Gräsel aus 1972,
die technische Funktion
mit Kunst verbinden,
da sie gleichzeitig
die Endrohre für die
Klimaanlage sind.

Ferner steht in diesem Areal die 16,5m hohe
Wasserplastik ⑱ von Heinz Mack aus dem
Jahr 1977, von den Münsteranern auch
Monetenturm oder Monetenbrause wegen
des benachbarten Bankgebäudes genannt.

In dem Park hinter dem Bankgebäude
thront auf einem kleinen Hügel seit
1892 die beschauliche *Tuckesburg* ⑲.
Errichtet und bewohnt hat dieses
Wohnhaus der Planer des Aasees
und Zoogründer Professor Hermann
Landois (1835-1905).

Daran, dass diese Burg ursprünglich
zu den Befestigungsanlagen der

*Burgfräulein Kira
als Schlosshund*

Der Wasserbär hat mit dem Zoo rein gar nichts zu tun. Der Begriff ist abgeleitet von Wasserwehr. Die ehemals 10 Wasserbären in Münster dienten ursprünglich dazu, den Wasserstand in den die Stadt umgebenden Gräben auf gleicher Höhe zu halten und bei einer Beschädigung des Walls ein völliges Leerlaufen der gesamten Grabenanlage zu verhindern.

Stadt gehörte, erinnert der **Wasserbär** ⓴ im anschließenden Parkgelände.

Mit Tieren zu tun dagegen hat der dort stehende **Eulenturm** ㉑ als Relikt der ehemaligen Tiergehege des alten Zoos.

Dahinter, eingerahmt von Parkplatz und Spielplatz, ist eine Asphaltfläche zu sehen, beim genauen Hinsehen erkennt man das Kunstwerk "**We are still and reflective**" ㉒ (Wir sind still und reflektieren), ein Relikt der im Jahr 2007 stattgefundenen **Skulptur-Projekte**.

Ist das Kunst oder kann das weg?

Der Rundgang führt jetzt zurück zum **Aasee**, an der Aa entlang und hinter der **Goldenen Brücke** nach rechts. Die Bebauung mit Gastronomie und Segelschule und großer Freitreppe ㉓ gibt es seit 2008. Dieser Bereich

hat sich zu einem lebhaften Publikumsma-gnet entwickelt. Sobald das Wetter gut ist, sitzen hier die Menschen und genießen den Ausblick auf den Aasee. Es gibt viele schöne Sitzplätze auf der Restaurant-Ter-rasse am Wasser, aber mit Hund ist es viel-leicht genauso schön, am Imbiss Pommes

Beim Overschmidt-Bootverleih dürfen mutige Hunde wie ich auch Tretboot fahren – umsonst! Aber aufgepasst: Viele Hunde weigern sich, über den Steg aus Gitterrost zur Anlegestelle zu laufen.

und Bratwurst auf die Hand zu holen. Manchmal liegt hier bei den Booten ein **Tretboot in Schwanenform** .

Bei den Tretbooten gibt es einen Was-sernapf.

Seien Sie froh, dass Sie „nur" mit einem Hund unterwegs sind. Denn hier ist Vorsicht geboten, nur allzu schnell kann man sich hier unsterblich verlieben. Vorausgesetzt, man ist ein schwarzer Schwan, heißt Petra und entdeckt dieses zauberhafte Schwa-nenboot. Sie erinnern sich noch an die Ge-schichte? In den Jahren 2006-2009 war **der schwarze Schwan Petra**  aufgrund seiner verrückten Liebe zu einem weißen Schwanen-Tretboot der Publikumsmagnet auf dem Aasee.

Petra entfachte ein weltweites Medieninteresse. Seit Silvester 2008/09 ist der Schwan verschwun-den und soll mit einem lebendigen Partner seinen Lebensabend in der Vogel-Pflegestation in Osna-brück verbringen.

Der weitere Weg am Aasee entlang führt an einige Skulpturen vorbei, weshalb dieser Aaseebereich auch **Skulpturenpark** ge-nannt wird.

27

28

Etwas weiter ist links im Wasser der *„Pier"* 27 zu sehen von Jorge Pardo aus der 3. Skulpturenausstellung 1997. Die 40 m lange Steganlage bietet einen herrlichen Blick auf die nahe Stadt und ist ein beliebter Treffpunkt und Aufenthaltsort für Jung und Alt.

29

Hier findet man auch jede Menge Vögel, wie z.B. **Reiher** 28 und **Haubentaucher** 29, die sogar für ihre Küken Taxi spielen.

Schräg gegenüber auf der Wiese steht die Metallkonstruktion des Künstlers Ilya Kabakov, *„Blickst du hinauf und liest diese Worte"* 30. Ihr Hund wird sich wundern, aber Sie sollten sich ruhig einmal darunter legen, um den Text zu lesen:

30

Schade! Ich kann gar nicht lesen!

„Mein Lieber! Du liegst im Gras, den Kopf im Nacken, um Dich herum keine Menschenseele. Du hörst nur den Wind und schaust hinauf in den offenen Himmel – in das Blau dort oben, wo die Wolken ziehen-, das ist vielleicht das Schönste, was Du im Leben getan und gesehen hast."

Der **Wewerka-Pavillon** dahinter wirkt wie ein riesiges Insekt mitten im Grünen. Betreten verboten! Dies ist auch gar nicht erforderlich, da der von Stefan Wewerka entworfene Pavillon rundum verglast und einsehbar ist.

Folgen Sie dem Fußweg und schon bald sind Sie wieder an der **Torminbrücke** 🔶31 , hinter der Sie Ihren Hund von der Leine lösen können. Denn Sie sind wieder im Freilaufbereich und Ihr Hund kann rennen, schnuppern und die Wiesen erkunden.

Ganz viel zu riechen gibt es direkt links an der grünen Hecke aus Eiben. Aber weit gefehlt, eine im Boden eingelassene Tafel beschreibt sie als das Kunstwerk „**Weniger wild als andere**" 🔶31 von Rosemarie Trockel anlässlich der „**4. Skulptur-Projekte**" aus dem Jahr 2007. Die zwei Blöcke des Eibenbusches bilden einen verjüngenden Spalt, durch den das Wasser des Aasees schimmert und ein am anderen Ufer stehendes Hochhaus zu erkennen ist.

Etwas weiter rechts, erhöht auf der Wiese, sind **2 konzentrische Ringe aus Beton** zu

🐾 *Seit 1988 ermöglicht der Pavillon Studenten der Kunstakademie sowie renommierten Künstlern, ihre Werke der Öffentlichkeit zu zeigen.*

Auf der Wiese jagt häufig ein Kaninchen das andere, ein Wahnsinns-Gewuschel. Wenn Ihr Hund einen ausgeprägten Jagdtrieb hat, bitte aufpassen!

Das ist Kunst! Also macht woanders Pipi!

sehen, ein titelloses Kunstwerk von Donald Judd  aus der **Skulpturenausstellung 1977**.

Hundekot-beutelspender in der Gegend

Und schon erkennen Sie rechts oben die **Bockwindmühle** des **Mühlenhofs** ❸❸, wo der Rundgang endet, denn am Parkplatz dort sind Sie gestartet.

Unterhalb des Mühlenhofs gibt es große Wiesen, auf denen häufig mehrere Hunde spielen. Eine letzte Gelegenheit, noch einmal richtig zu toben, bevor es wieder ins Auto geht.

Promenade

Idyllischer Grüngürtel um die Altstadt

AUF EINEN BLICK:

Erholungsgebiet, Sehenswürdigkeiten und ganz viel Geschichte

Länge: 4,5 km

Dauer:
1 – 1,5 Stunden

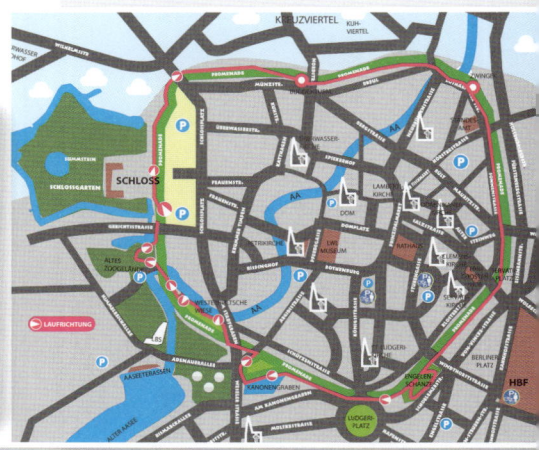

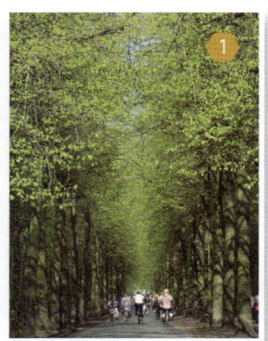

Einen sehr schönen Spaziergang, der Natur und Geschichte vereint, bietet der Weg über den 4,5 km langen prächtigen ***Grüngürtel*** 1 rund um die Altstadt. Planen Sie eine gute Stunde für den Fußweg ein. Ihr Vierbeiner muss zwar angeleint sein, das ist aber auch gut so, damit er nicht unter die Räder - spric Fahrräder - kommt. Denn die Promenade ist ein wahrer Fahrrad-Highway!

Wenn Ihr Hund erprobt ist, Sie am Fahrrad zu begleiten, können Sie sich natürlich auch gerr auf diese Leezenautobahn trauen.

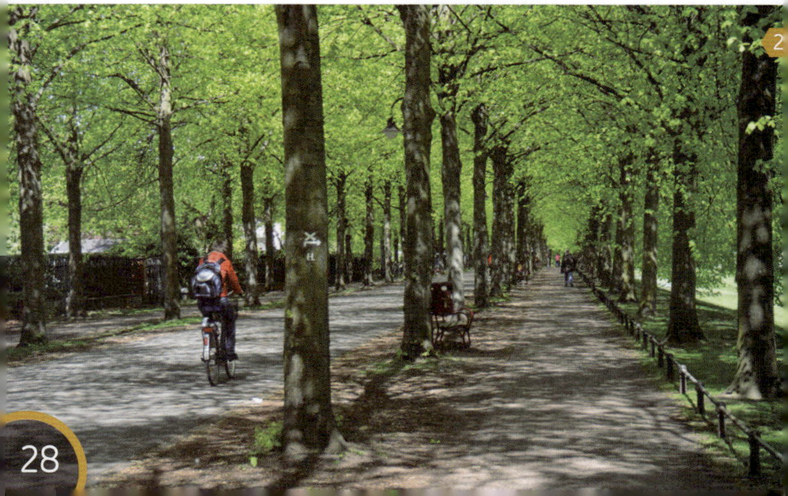

Genießen Sie an warmen Sommertagen hier den Schatten der 2.000 Bäume mit ihrem süßlichen Lindenblütenduft und im Herbst ihre farbenprächtigen Blätter. Aber auch im Frühjahr und Winter ist ein Promenadenspaziergang ein ganz besonderes Erlebnis. Sie treffen hier viele Gleichgesinnte mit ihren Vierbeinern.

... wenn ihr nicht so lange Beine habt wie ich.

Die *Fußgängerwege* werden von gemulchten Zwischenstücken von dem Radweg getrennt und Ihr Hund hat hier jede Menge zu schnuppern. Und so ganz nebenbei bewegen Sie sich auch noch auf den Spuren der historischen Entwicklung der Stadt sowie ihrer Befestigung und erleben so manch eine Kuriosität.

Die zahlreichen *Sitzbänke*  laden ein, das bunte Treiben auf dem Grüngürtel in aller Ruhe zu beobachten.

Der Promenadenweg selbst bietet regelmäßig Möglichkeiten, den Rundgang zu unterbrechen und in die Stadt zu gehen. So müssen Sie nicht mit dem Hund quer durch die Innenstadt laufen, um ein bestimmtes Ziel zu erreichen, sondern wählen einen Weg von der Promenade aus, der dieses Ziel am schnellsten erreicht.

Starten Sie am besten am *Schloss* , auf dem großen Schlossplatz finden Sie häufig einen Parkplatz.

Leinenpflicht!

Der Verlauf der Promenade, die den mittelalterlichen Stadtkern umschließt, folgt der ehemaligen Stadtbefestigung, die in der 2. Hälfte des 18. Jahrhunderts geschleift wurde.

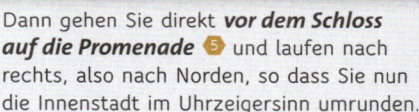

🐾 *Die Münstera-ner lieben ihre Promenade. Das erkennen Sie auch an den „Bürgerbäumen" vor dem Schloss. Nach-dem 2007 der Orkan Kyrill auf dem Grüngür-tel große Sturmschäden verursacht hatte, wur-den die Bürger aufgeru-fen, Baumpatenschaften über 200 neu zu pflan-zende Winterlinden zu übernehmen. So konnte die Promenade vor dem Schloss in kürzester Zeit wieder aufgeforstet werden.*

Dann gehen Sie direkt **vor dem Schloss auf die Promenade** ❺ und laufen nach rechts, also nach Norden, so dass Sie nun die Innenstadt im Uhrzeigersinn umrunden.

Fällt Ihnen auf, dass die Promenade in Höhe der beiden ehemaligen **barocken Wachhäuser** eine auffällige Lücke hat? Seit der Anpflanzung der Alleen sollte der Blick von der Stadt auf das **fürstbischöfli-che Schloss** frei bleiben. Hier ist heute die Verwaltung der **Universität** untergebracht.

An der folgenden Straßenüberquerung sehen Sie links 2 klassizistische Torhäuser aus 1779, die anstelle des mittelalterli-chen Stadttores errichtet wurden.

Die auf der gegenüberliegenden Seite der Weseler Straße als Denkmal er-haltene **Trümmerbahnlokomotive** ❻ erinnert an den Abtransport der auf dem Schlossplatz nach dem Krieg zwischengelagerten Trümmermassen. Die Loks waren bis 1960 im Einsatz.

Kurz hinter einer alten Linde aus der ersten Generation der Promenadenbäume sehen Sie links einen **Wasserbär** ❼. Das originelle Bauwerk diente mit seinem kleinen Turm und der niedrigen Mau-er als Stauvorrichtung zur Regelung des Wasserstandes im Graben der äußeren Stadtbefestigung.

Wenn Sie der Promenade folgen, sehen Sie auf der linken Seite immer wieder kleine Parks, z.T. mit Gewässern. So gern Sie sicherlich Ihren Hund loslassen und dort spielen und planschen lassen würden, leider herrscht auf der gesamten Promenade mit Umgebung Leinenpflicht.

Prachtstück der Promenade ist die **Kreuzschanze** ❽, das einzige Befestigungswerk, das im vollen Umfang erhalten blieb. Zwei kleinere Teiche sind als Reste des äußeren Wassergrabens erkennbar. Deutlich heben sich zwei Hügel aus dem Gelände hervor, auf denen ursprünglich Kanonen aufgestellt waren.

Denkmäler erinnern an 3 Münsteraner Persönlichkeiten: an den Komponisten und Musiker **Julius Otto Grimm** (1827-1903), den Priester und Zoologen **Bernard Altum** ❾ (1824-1900) und die Dichterin **Annette von Droste Hülshoff** ❿ (1797-1848).

Der helle, mächtige Turm etwas zurückliegend auf der rechten Seite ist der **Buddenturm** ⓫, der einzig erhaltene Stadtturm des inneren Befestigungsringes und ganz klar das markanteste Relikt der alten Stadtbefestigung.

Die an ihn angelehnte Eisenskulptur symbolisiert die **alte Stadtmauer** und ist exakt so breit wie die abgebrochene historische Stadtmauer.

🐾 *Der Buddenturm ist Münsters „rotgehäubter Satan". Die Bezeichnung „Buddenturm" geht zurück auf die alte niederdeutsche Bezeichnung „budde" für Teufel.*

Hundekotbeutelspender am Spielplatz

Die farbigen Kleckse an den Ästen der Roteiche sind Bänder mit Schnullern. Hier dürfen die kleinen Kinder mit einem Hubsteiger in die Krone dieses Baumes fahren und ihren lieb gewonnenen Seelentröster aufhängen.

In seiner über 500 Jahre alten Geschichte war der Zwinger schon so ziemlich alles: Bollwerk und Geschützturm, Schwarzpulver-Mühle, Kaserne, Maleratelier und Gefängnis. Gegen Ende des 2. Weltkriegs diente er als Hinrichtungsort von Zwangsarbeitern durch die Gestapo. Seit 1997 ist die Ruine ein „Mahnmal für die Opfer der Gewalt".

Sie überqueren hier die **Straße „Am Kreuztor"** und weiter geht es unter dem Dach der Lindenbäume bis kurz vor die **Kanalstraße**.

Auf dem Spielplatz mit dem markanten zum Abheben bereiten **Sonnenflieger** 12 – ebenfalls auf der rechten Seite – steht ein ganz besonderer Baum, der S**chnullerbaum** 13. Es ist eine farbenfroh dekorierte, mächtige Roteiche.

Schon bevor Sie die Straße überquert haben, sehen Sie rechts ein mächtiges Bauwerk, den **Zwinger** 14.

Weiter geht es unter den Linden bis zur Straßenüberquerung **Hörster Straße**. Das Gebäude links mit der Backsteinfassade aus 1890 beherbergt das **Staatsarchiv** 15.

Ich als Promenaden-Skulptur

Die nächste Straße, die Mauritzstraße, überqueren Sie nicht, sondern unterqueren sie. Auf der linken Seite ist das **Landeshaus** 16 zu sehen, Hauptsitz des Landschaftsverbandes Westfalen-Lippe.

Das *Iduna-Hochhaus* 🔷 wenige Meter weiter ebenfalls auf der linken Seite vor der Kreuzung *Salzstraße* ist das erste moderne Hochhaus Münsters. Es steht seit 1961/62 auf dem *Servatiiplatz* und genießt inzwischen Denkmalschutz – und das mit einem wahren Funkmasten-Dschungel auf dem Dach.

Auffallend ist das *Denkmal Paul Wulf* 🔷 (1921-1999), eine Skulptur mit über-großem Kopf und mächtiger Brille. Die Künstlerin Silke Wagner entwarf sie für die Skulpturenausstellung 2007.

Der große rote Lack-Teppich vor einer alten Villa an der *Windthorststraße* links weist auf das dort beherbergte *Museum für Lackkunst* 🔷 hin. Die weltweit

Wenn Sie Lust auf Shopping und City haben, sollten Sie hier rechts in die Salzstraße abbiegen. Neben Geschäften sehen Sie die kleine Serva-tiikirche, das barocke Dreigestirn Clemenskir-che, Erbdrostenhof und Dominikanerkirche mit der Installation des Fou-caultschen Pendels von dem Künstler Gerhard Richter.

einmalige Schausammlung wurde von der BASF Coatings ins Leben gerufen.

Bei der *Engelenschanze* 🔷 auf der dem Museum gegenüberliegenden Seite der

Windthorststraße wird der Charakter der alten, mit Wassergräben umgebenen Befestigungsanlage besonders deutlich. Eigentlich ein Eldorado für spielende Hunde! Aber auch hier gilt: Leinenpflicht!

🐾 *Zu sehen ist hier auf der einen Seite ein Rest der alten Stadtmauer, auf der anderen der trockengelegte Graben. Luft und Licht machen den besonderen Reiz der kinetischen Plastik „Drei rotierende Quadrate"* ⑳ *auf dieser Grünanlage aus. Die Skulptur des Künstlers George Rickey aus dem Jahr 1975 reagiert allein auf Luftbewegung.*

Die Promenade läuft immer weiter entlang unter den Linden und streift schließlich Münsters wichtigsten Verkehrsknotenpunkt: den großen, zweispurigen ***Ludgerikreisel*** ㉑. Täglich schlängeln sich hier rund 40.000 Autos und Busse sowie über 12.000 Fahrräder durch.

Hat Ihr Vierbeiner einen intensiven Jagdtrieb, halten Sie die Leine gut fest. Denn in der Mitte des Kreisels sitzen häufig zahlreiche Kaninchen, die sich nicht im Geringsten aus der Ruhe bringen lassen. Längst gelten sie als hoppelnde touristische Sehenswürdigkeiten.

Beim Überqueren der **Ludgeristraße** sehen Sie rechts in die **Königsstraße**, die ehemalige Straße der prächtigen Adelshöfe, und Sie blicken auf die **Ludgerikirche**  mit ihren drei Türmen, die romanische und gotische Architektur vereint.

Vorbei am **Kanonengraben** können Sie kurz vor der **Aegidiistraße** links auf eine kleine Anhöhe gehen, die im Frühjahr mit

Wundern Sie sich nicht, wenn Sie die Ludgeristraße überquert haben und die Promenadenbäume hier – ebenso wie vor dem Schloss – erheblich kleiner sind als die üblichen mächtigen Linden zuvor. Auch die Vorgänger dieser Bäume fielen 2014 Unwettern zum Opfer. Münsteraner Bürger und Industrieunternehmen stifteten hier neue Linden für ihre geliebte Promenade.

dem Schriftzug aus gepflanzten Blumen **„Münster bekennt Farbe"** in dem grünen Wall des ehemaligen Festungsrings ca. 5 m hoch und ca. 70 m breit verziert ist.

Sie überqueren jetzt die **Aegidiistraße** und dann die **Straße „Am Stadtgraben"**, auf deren gegenüberliegenden Seite Sie links schon den **Aasee** sehen können.

Leinenpflicht!

Auch wenn **Claas Oldenburgs Giant Pool Balls** 25 – mittlerweile ein Wahrzeichen des Aaseeparks – Sie interessieren, sparen Sie sich die übergroßen Billardkugeln für eine Aasee-Runde (S. 13) auf und folgen Sie jetzt weiter der Promenade.

Rechts sehen Sie die **Westerholtsche Wiese** 26 mit der mittlerweile dort wieder renaturierten Aa. Ein botanisches Highlight ist hier die über 100 Jahre alte **Weißdornhecke**. In den Formen kann man zwei Schlangen, Hahn, Henne, Katze und Schwan erkennen.

Unter dem Lindendach geht es weiter vorbei am **Hallenbad Mitte** auf der rechten und der großen Wiese vor dem **Alten Zoogelände** (-> S. 20ff) auf der linken Seite genau auf die **Hüfferstraße** zu.

Wenn Sie die Straße überqueren, sehen Sie schon den Ausgangspunkt Ihrer Tour, das **Fürstbischöfliche Schloss** 27, vor sich liegen.

Achtet darauf, dass ihr auf der großen Wiese noch mal ausgiebig toben dürft, bevor es wieder ins Auto geht - natürlich nur an der Leine.

Historische Innenstadt

Sehenswürdigkeiten &
grüne Ruhezonen

AUF EINEN BLICK:

Geschichte, Kultur, Shopping-Erlebnis und Naturidylle.

Hundeverbot in allen Besichtigungsstätten

Leinenpflicht

Dauer: 1 Stunde

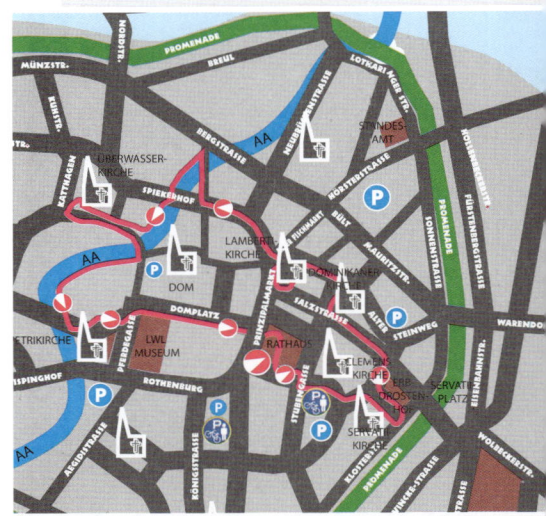

Münster ist Fahrradstadt (-> S. 6). Das merken Sie – egal bei welchem Wetter – besonders in der Innenstadt. Es wimmelt hier nur so von Zweirädern. Also Augen auf!

Dass ein Hundespaziergang in einem Stadtzentrum keine Qual für Ihren Vierbeiner darstellen muss, das zeigt Münsters historische Altstadt. Wir haben Ihnen einen ca. 1 Stunde langen Rundgang durch die Stadt zusammengestellt, der Sie vorbeiführt an den bedeutendsten historischen und modernen Highlights, kulturellen Sehenswürdigkeiten, einem tollen Einkaufsvergnügen und Natur-Idylle pur. Glauben Sie uns, Ihr Hund wird

🐾 *Münster ist Weihnachtsstadt (-> S. 9f). An den Adventswochenenden ist sie besonderer Anziehungspunkt für tausende Besucher und absolut nicht „hundetauglich". Ersparen Sie Ihrem Vierbeiner und sich diesen Stress!*

dabei nicht zu kurz kommen.

Beginnen Sie mittendrin auf dem ***Prinzipalmarkt*** ❶, in „Münsters guter Stube", und dort mit dem ***historischen Rathaus*** ❷, 2015 ausgezeichnet mit dem Europäischen Kulturerbe-Siegel. Es ist das schönste und prächtigste der 48 Giebelhäuser auf dem Prinzipalmarkt.

Münsters Wahrzeichen mit seiner reich verzierten gotischen Fassade aus Baumberger Sandstein stammt aus dem 14. Jahrhundert.

Hinter dem Rathaus erinnert der ***Platz des Westfälischen Friedens*** ❸ an diesen bedeutsamen Friedensschluß im Jahr 1648.

Gehen Sie links direkt am Rathaus entlang. Sie passieren im unteren Bereich eine Bronzetafel mit dem Hinweis ***„Preussische halbe Ruthe 1816"***. Wundern Sie sich nicht, das hat nichts mit dem Schwanz preußischer Hunde zu tun, sondern ist ein Längenmaß aus jener Zeit, an das sich die Händler auf dem Markt unter den Bögen zu halten hatten.

🐾 *Das Rathaus ist nach der kompletten Zerstörung im 2. Weltkrieg originalgetreu wieder aufgebaut worden. Hier wurden im 17. Jahrhundert die Verhandlungen zum Westfälischen Frieden geführt. Noch heute erinnert der prächtige Friedenssaal daran, der aber leider für Hunde ein absolutes „No-Go" ist.*

Dieses Kunstwerk kommt mir spanisch vor!

Die beiden Bänke des baskischen Bildhauers Eduardo Chillida symbolisieren "Wer sitzt, der kämpft nicht", denn dieser Friedensschluss aus dem Jahr 1648 war der erste, durch den ein Krieg auf diplomatischem Wege und nicht durch Waffen beendet wurde.

Etwas weiter sehen Sie eine Skulptur mit einer Kirche und einem Bischofsstab. Es ist der **Hl. Liudger**, der Gründer Münsters.

Kurz darauf stehen Sie auf dem Platz des Westfälischen Friedens mit der **Skulptur „Toleranz durch Dialog"** 4, die hier 1998 zum Jubiläum „350 Jahre Westfälischer Friede" auf dem eigens dafür umgestalteten Platz aufgestellt wurde.

Verlassen Sie mit dem Rathaus im Rücken rechts dieses Areal und gehen links um das Stadthaus mit der Gastronomie herum. Sie passieren den Platz **Stubengasse** 5 zu Ihrer Rechten mit einer Bebauung, an die sich viele Münsteraner erst lange gewöhnen mussten. Aber dennoch wurde diese innerstädtische Platzgestaltung 2010 mit dem Deutschen Städtepreis ausgezeichnet.

Kurz darauf, direkt hinter der Tiefgarageneinfahrt zum Kaufhaus links sehen Sie einen kleinen Park mit der sechseckigen barocken **Clemenskirche** 6. Eine schöne Unterbrechung des Pflasterlaufens v.a. auch für Ihren Hund. In dieser barocken Anlage gibt es so einiges zu schnuppern. Durchlaufen Sie diesen Garten diagonal und verlassen ihn durch das Tor neben dem Kirchengebäude.

Bevor Sie nun Ihren Stadtrundgang fortsetzen, machen Sie doch noch einen kleinen Abstecher in das begrünte Areal rund um

die beschauliche **Servatiikirche** ❼, auf die Sie direkt schauen, wenn Sie mit dem Rücken zum **Eingang der Clemenskirche** ❽ stehen und nach rechts blicken.

Dieses kleine Gotteshaus aus dem 13. Jahrhundert ist eine reine Anbetungskirche.

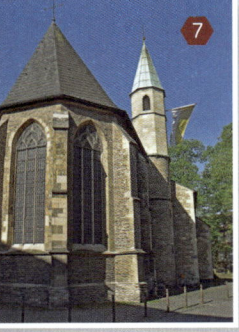

Wenn Sie von der Servatiikirche aus wieder zurück zur Clemenskirche gehen, sehen Sie rechts die Rückseite eines Adelshofes, biegen direkt dahinter am Grundstück entlang in die **Ringoldsgasse**, bis Sie vor dem prächtigen Haupttor dieses barocken **Erbdrostenhofes** ❾ aus dem 18. Jahrhundert stehen.

 Hier sehen Sie übrigens eine Besonderheit: Das Gotteshaus aus dem 18. Jahrhundert hat einen freistehenden Glockenturm, den sog. Campanile ❻.

 Am Glockenturm von St. Servatii weht – im Gegensatz zu allen anderen Kirchen – immer eine Fahne in den Vatikanfarben. Der Grund: Im 3. Reich haben die Nationalsozialisten alle Fahnen an öffentlichen Gebäuden entfernt und durch Hakenkreuzfahnen ersetzt. Nur die kleine Servatiigemeinde hatte es geschafft, standhaft zu bleiben. Aus diesem Grunde wurde entschieden, die Fahne nie mehr abzunehmen.

Her mit der Mettwurst!

Interessant ist, dass das Adelspalais diagonal auf dem Grundstück steht, ein Geniestreich des Erbauers, um mehr Platz für die aufwändige Fassade auf dem doch sehr kleinen Grundstück zu schaffen.

Hier gibt es die **ältesten Mettwürste Westfalens**. Aber erzählen Sie es nicht Ihrem Hund, denn diese sind leider nicht genießbar, sondern eine symbolische Darstellung über dem zweitletzten Erdgeschossfenster. Von links nach rechts sehen Sie über dieser Fensterreihe den Zyklus des Jahres mit Verkörperungen der Monate – und der November wird mit Messer, Fleischgabel und Mettwürsten symbolisiert.

Mit dem Tor zum Erbdrostenhof im Rücken halten Sie sich links und gehen ein kurzes Stück über die **Salzstraße** Richtung **Prinzipalmarkt**.

Schon bald passieren Sie auf der rechten Seite die ebenfalls barocke **Dominikanerkirche** 🔟, die seit 2017 profaniert und inzwischen zum Kunsttempel umfunktioniert worden ist.

🐾 *im Inneren der Dominikanerkirche hat der weltbekannte Künstler Gerhard Richter für sein Kunstwerk „Zwei graue Doppelspiegel für ein Pendel" einen außergewöhnlichen Platz gefunden und es der Stadt zum Geschenk gemacht.*

🐾 *Die Fassade links neben dem Eingang der Dominikanerkirche erinnert noch an die alte Klosteranlage, die hier einst stand.*

Gehen Sie durch die Toröffnung der Klosterruine und Sie laufen schräg links direkt auf

das Gebäude der preisge-
krönten **Stadtbücherei** ⓫
aus dem Jahr 1993 zu.

Direkt links daneben steht
das **Krameramtshaus** ⓬
aus 1589, einst Versamm-
lungsort und Warenlager
der Kramergilde und eines
der wenigen Gebäude
Münsters, das den Krieg unbeschadet über-
standen hat. Es beherbergt heute das „**Haus
der Niederlande**",
ein akademisches
Wissenschafts- und
Kulturzentrum.

Gegenüber sehen Sie
die gotische **Stadt-
und Marktkirche St.
Lamberti** ⓭ mit den
bizarren **Wasserspei-
ern** ⓮ hoch oben am
Dach. Ein Blick nach
oben lohnt sich!

Biegen Sie vor der
Lambertikirche links
ab, laufen Sie über
den **Lambertikirch-
platz** vorbei am
Lambertibrunnen
⓯

und schon breitet sich vor Ihnen der **Prinzi-palmarkt** ⑯, eine der schönsten Einkaufs-straßen Deutschlands, mit seinen Giebel-häusern und eleganten Geschäften unter romantischen Bogengängen aus.

Diagonal links sehen Sie vor dem Schuhhaus Zumnorde im Pflaster eingelassen ein beson-deres Mahnmal: Das **Jordanwasser** ⑰, das genau wie die **Körbe am Turm der Lam-bertikirche** ⑱, die Sie von hier aus bestens sehen können, an die Schreckensherrschaft der religiösen Gruppierung der Wiedertäufer im 16. Jahrhundert erinnert.

Laufen Sie nun um die Lambertikirche ein Stück herum vorbei am **Westportal** mit den **Evangelisten**, von denen zwei die Gesichts-

züge von **Goethe** 19 und **Schiller** tragen, zum Nordportal, wo Sie dafür sorgen können, dass Sie Münster auf jeden Fall wiedersehen werden. Der Sage nach soll das der Fall sein, wenn Sie hier die **Taube aus Sandstein** 20 links vom Eingang streicheln.

Und wenn Sie abends zwischen 21:00 und 24:00 hier ein Tuten wie von einem Nebelhorn hören, schauen Sie nach oben zum Lambertikirchturm. Dort wacht nach alter Tradition **Münsters Türmerin** über die Stadt.

Folgen Sie von hier der Verlängerung des Prinzipalmarkts, bis Sie rechts am **Spiekerhof** 21 auf einem kleinen Platz mit zwei Traditionsgaststätten eine bronzene Skulptur sehen. Dieser Mann mit Pfeife, Gehstock und Kiepe stellt einen *„Kiepenkerl"* 22, einen umherziehenden Händler, dar, das Wahrzeichen des Münsterlandes.

Biegen Sie in die kleine Fußgängerzone rechts vor diesem Platz ein. Sie laufen am Ende auf einen **flachen Brunnen** zu, hinter dem Sie sich links halten. Nun erleben Sie eine besondere Überraschung: Mitten in der Innenstadt tauchen Sie in eine Oase der Ruhe ein. Links sehen Sie die Aa, daneben verläuft der **Aa-Uferweg** – ein grünes Band durch Münsters pulsierende Innenstadt. Insgesamt 10 km lang fließt das Flüsschen durch die Stadt, zwischen Treppen und Terrassen, Gärten und Gebüschen, Mauern und zahlreichen Brücken.

Gelegenheit zum Wasser-Schlabbern!

Während Sie in die faszinierende Welt der Ruhe eintauchen können, hat Ihr Hund hier jede Menge zu schnuppern, nur ans Wasser kommt er leider nicht. Sitzbänke laden immer wieder zu kleinen Pausen ein.

Vor der folgenden Brücke müssen Sie einmal den Weg verlassen, die Straße „*Spiekerhof*" überqueren und dann geht es wenige Stufen wieder runter an den *Aa-Uferweg* 23. Hier sehen Sie direkt die turmlose *Liebfrauen-Überwasserkirche* 25 aus dem 14. Jahrhundert und dahinter schauen Sie auf das *Antiquariat Solder* 25.

Kommt es Ihnen bekannt vor? Bestimmt, denn wenn mal wieder Dreharbeiten für den beliebten Wilsberg-Krimi anstehen, wird dieses Antiquariat kurzerhand in das *Antiquariat Wilsberg* 25 umgewandelt.

Leonard Lansink 26, der Hauptdarsteller, ist als Hundefreund vom Verband des Deutschen Hundewesens zum „*Botschafter des Hundes 2019*" ernannt worden.

Voraussetzung für die Auszeichnung als Hundebotschafter ist u.a. ein großes Herz für den besten Freund des Menschen 27. *Leonard Lansink ist damit auch Schirmherr des „Tag des Hundes", der jedes Jahr im Juni bundesweit mit Aktionen für Hundefreunde lockt.*

Wilsberg wusste sofort was mir schmeckt!

Wilsbergs Freund Ekki soll 2020 unbedingt Hundebotschafter werden. Wau!

Genießen Sie noch ein kleines Stück den idyllischen Aauferweg und folgen Sie dem Flussverlauf. Unter der kleinen Brücke **28** können Sie sich überlegen, ob ein Bischof diese jemals als *„Seufzerbrücke"* empfunden hat: Sie verbindet nämlich das *Bischöfliche Palais* mit dem bischöflichen Garten.

Hundekotbeutelspender links vor der Petrikirche

Kurz darauf stehen Sie links vor einer Kirche. Es ist die *Petrikirche* **29**, die als Schul- und Predigtkirche der Jesuiten im 16. Jahrhundert erbaut wurde. Vor dieser biegen Sie links ab und passieren eine Skulptur von Ulrich Rückriem, ein Relikt aus der Skulpturenausstellung 1977, die die Münsteraner seinerzeit als Steinhaufen verachtet haben.

Am Ende des Kirchbaus halten Sie sich links und gehen vor dem Gebäude der philosophischen Fakultät entlang zum jüngsten Neubau der Universität, dem *Philosophikum* **30** aus 2018. Seine Architektur hat bundesweit für große Aufmerksamkeit gesorgt.

Von hier aus haben Sie rechts einen wunderbaren leicht ansteigenden Gang hinauf zum *Domplatz*, auf dem der mächtige *St. Paulus Dom* **31** aus dem 13. Jahrhundert thront.

An dieser Stelle erfolgte die Gründung der Stadt. Hier errichtete 793 der friesische Missionar Liudger ein Kloster, von dem aus die Christianisierung des Münsterlandes erfolgte.

🐾 **Markant am Dom ist das schlichte Westportal mit seinen sechzehn Löchern** ㉛**, die die vier Evangelisten und zwölf Apostel symbolisieren. Der Volksmund nennt die Gestaltung gerne Telefonwählscheibe oder Seelenbrause. Sehr aufwändig gestaltet ist dagegen die Südfassade des Gotteshauses.**

Zweimal wöchentlich, mittwochs und samstags, verwandeln 150 Marktstände mit westfälischen Köstlichkeiten, Blumen, Obst und Gemüse den Platz vor dem Dom in ein farbenfrohes Treiben. Nicht nur für zahlreiche Münsteraner ist es der schönste ***Wochenmarkt*** ㉝ Deutschlands.

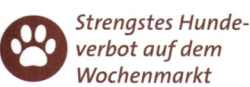

🐾 **Strengstes Hundeverbot auf dem Wochenmarkt**

Rechts sehen Sie Münsters Museums-Highlight: das ***LWL-Museum für Kunst und Kultur*** ㉞ aus dem Jahr 2014. Auf einer Ausstellungsfläche von 7.500 qm zeigt es Kunst vom Mittelalter bis in die Gegenwart.

Gehen Sie quer über den Domplatz, lassen die Bischofskirche links liegen und schon sind Sie wieder am ***historischen Rathaus*** ㉟, da, wo Ihr Rundgang begonnen hat.

Schlossgarten

Historische Parkanlage
im Herzen der Stadt

AUF EINEN BLICK:

14 ha Naherholung mitten in der Stadt

Natur und Kultur in historischen Gefilden

Parks, Wasser und Waldstücke

Dauer ca. 1 Stunde

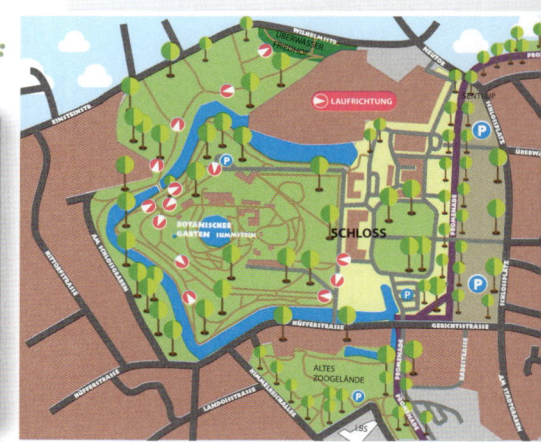

Leinenpflicht!

Drehen Sie sich bevor Sie durch das Tor gehen noch einmal kurz um. Es erwartet Sie ein kurioser Anblick: Aus dieser Perspektive sieht es so aus, als ob der Lambertikirchturm zwischen den beiden Domtürmen steht und mit diesen eine Einheit bildet. ❷

Idylle pur in historischen Gefilden – und das Ganze **mitten in der Stadt** – ein Ausflug mit Hund im Schlossgarten ist immer etwas ganz Besonderes. Einzigartig ist das Ensemble von Natur und Kultur vor historischer Kulisse.

Vom **Schlossplatz**, auf dem Sie das Auto abstellen kann, führt links am **Fürstbischöflichen Schloss** ❶ ein **Tor** ❸ in den 14 ha großen Schlossgarten mit seinen gepflegten Parkanlagen, der Gräfte, dem Baum-Erlebnispfad, den Waldstücken und dem **Botanischen Garten**.

Hund an die Leine und los geht's!

Der Schlossgarten befindet sich auf dem Gelände der ehemaligen *Zitadelle*.

Die Schleifung der Zitadelle erfolgte 1764 unter Fürstbischof Maximilian Friedrich von Königsegg-Rothenfels, der sich auf dem Gebiet 1767 vom Barockarchitekten Johann Conrad Schlaun sein *Residenzschloss* planen ließ. 1945 wurde das Schloss total zerbombt, zwischen 1947 und 1953 wurde es nach alten Plänen zumindest in seiner äußeren Gestalt wieder errichtet.

Hinter dem Schloss, das heute Sitz der Universitätsverwaltung ist, liegt direkt die gepflegte Parkanlage, deren Schönheit sich während der *Rhododendronblüte*  noch einmal besonders entfaltet.

Durch die Errichtung einer Zitadelle in Form eines Fünfecks im Westen der Stadt sicherte Fürstbischof Christoph Bernhard von Galen in den Jahren 1661/62 seine neugewonnene Macht über die Stadt auch militärisch ab: eine Zwingburg als Festungsbau mit sternförmigen Gräben und Wällen. Sie erfüllte eine Doppelfunktion als wirksamer Schutz vor äußeren Feinden und insbesondere gegen die Bevölkerung der Stadt Münster selbst. Dabei eröffnete sie den bischöflichen Truppen ein freies Schussfeld zur Stadt hin; ein möglicher Aufstand der Bürger gegen ihren Stadtherrn konnte so im Keim erstickt werden.

Leinenpflicht!

Der **sternförmig angelegte Wassergraben** rund um den Schlossgarten mit den äußeren umlaufenden Alleen und den Waldstücken mit den geschwungenen Wegen prägt seit mehr als zwei Jahrhunderten das Stadtbild Münsters.

Der **Konzertpavillon** 5, ein frontal weit geöffneter Sechseckbau mit einer pagoden-ähnlichen Dachform, wurde 1929 errichtet.

Nutzen Sie mit Ihrem Hund am besten den traumhaft schönen **Spazierweg entlang der Gräfte** 6. Es gibt einen Weg direkt am Wasser entlang und einen etwas höher gelegenen Weg, kleine Verbindungswege

ermöglichen auch einen Wechsel.
An der äußersten Seite der Gräfte, wo gegen-
über einige Wohnhäuser ihre Gärten haben,
gibt es im oberen Bereich sogar mehrere
Wege. Seit Juni 2019 gibt es hier auch einen
Baum-Erlebnispfad mit acht interaktiven
Stationen zum Ökosystem Baum, wie z.B. ein
Xylophon aus Baumhölzern, ein Guckrohr zu
den Spechthöhlen ❼ und Ruhematten auf
Baumstämmen, von denen aus Sie in den
Abendstunden bequem die Fledermäuse
beobachten können ❽.

Starten Sie mit Ihrem Vierbeiner an dem
großen Tor links, das den asphaltierten Weg
aus dem Areal herausführt, und folgen Sie
dem Gräftenweg im Uhrzeigersinn.

Wundern Sie sich nicht, gerade im Sommer
und meistens schon bei den ersten wärme-
ren Frühlingstagen sind die Äste, die hier am
Anfang des Weges schwer ins Wasser ragen,
gerne besetzt. Genau! Es sind **Schild-
kröten** ❾, die sich die Frühlingssonne
auf ihren Panzer scheinen lassen. Die
wahrscheinlichste Erklärung dafür, wie
diese Tiere hierhergekommen sind, ist
die, dass sie wohl schon vor längerer
Zeit ausgesetzt wurden.

Bleiben Sie zunächst direkt am Wasser
und nehmen Sie Ihren Hund an eine möglichst
lange Leine, damit er auch mal runter ans
Wasser gehen kann.

Ich hab die Bank schon entdeckt!

Immer wieder finden Sie entlang der Gräfte *lauschige Plätze mit Bänken*. Auf der anderen Seite des Wassers sehen Sie einige Parks und Grünanlagen, die Sie über eine Brücke erreichen können.

Wenn Sie diese Brücke passiert haben, sich dann rechts halten und anschließend den ersten Weg links in einen der Parks nehmen, sehen Sie schon bald ein eigenartiges, einzeln stehendes, rundes Mauerwerk. Es ist das *„sanctuarium"* ⑩, ein Kunstwerk aus den Skulpturprojekten 1997 des niederländischen Künstlers Herman de Vries, mittlerweile mit zahlreichen Graffitis besprüht.

Die Mauer des Kunstwerks ist 2,65 m hoch, hat einen Durchmesser von 14 m und umschließt ein kleines Stück Natur. In diesem „sanctuarium" können Pflanzen aller Art keimen, wachsen und vergehen, ohne dass der Mensch wie in einen Park eingreifen und die Natur nach seinem Willen gestalten kann.

Wenn Sie wieder auf dem Weg an der Gräfte sind, auf dieser Seite bleiben und links am Wasser entlanggehen, befinden Sie sich nach kurzer Zeit auf dem alten *Überwasserfriedhof* ⑪, auf dem im 19. Jahrhundert bestattet wurde.

Leinenpflicht!

Auf dem Friedhof haben sich neben zahlreichen neugotischen **Denkmälern** ⑫ noch einige qualitativ hochwertige **Grabdenkmäler** ⑬ bedeutender Persönlichkeiten des 19. Jahrhunderts erhalten.

Nehmen Sie die Brücke, die Sie passiert haben, auch wieder, um auf der ursprünglichen Gräftenseite Ihre Hunderunde fortzusetzen.

Dort gibt es Flächen mit zahlreichen angemoderten oder vermoderten **Baumstämmen** und dicken Ästen, auf die Sie sich setzen können, über die aber auch Ihr Hund springen oder laufen kann.

Wir empfehlen, am Ende des Weges am Wasser wieder umzukehren und den Rückweg über die höher gelegenen Wege zu nehmen.

Die Gräfte umschließt einen Teil des Areals des wunderschönen **Botanischen Gartens** aus dem Jahr 1803 mit seinen liebevoll angelegten und gepflegten Heide- und Moorlandschaften, Bauerngärten und Gewächshäusern. Doch leider sind die **Vierbeiner hier nicht erlaubt**.

Mit seiner direkten Nachbarschaft zur Universität und dem dort beheimateten **Institut für Botanik** des Fachbereichs Biologie der Uni Münster ist der mitten im Park gelegene 4,6 ha große

Ich liebe Baumstämme!

Unser Tipp für Hundehalter: *Gehen Sie an die westlichste Stelle des Weges – gegenüber der Bebauung – nah an den Zaun. Dort steht eine Bank mit Blickrichtung auf das gesamte Areal des Botanischen Gartens mit dem großen Teich in der Mitte. Von hier aus erhalten Sie einen herrlichen Einblick.*

Botanische Garten  mit seinen rund 8.000 verschiedenen Pflanzenarten zugleich Lehr- und Forschungsstätte.

Wenn Ihr Hund dann genug vom Pausieren oder auch Sie genug vom

fernen Blick in die tolle botanische Vielfalt haben, folgen Sie dem Spazierweg und Sie stoßen nach kurzer Zeit wieder auf den asphaltierten Weg am Tor, wo Sie Ihren Gräftenrundgang begonnen haben und von dort durch das Tor rechts vom **Schloss** wieder auf den Schlossplatz.

Südpark

Stadtpark als Ort der Begegnung

AUF EINEN BLICK:

> 53.000 qm
> Zentrale Grün- und Naherholungsfläche im Süden der Stadt. Zahlreiche Freizeit- und Erholungsangebote
> Rundgang: ca.1/2 Stunde

Diese städtische Grünanlage liegt zwischen Hammer Straße/Dahlweg und der Südstraße auf dem Gelände einer ehemaligen preußischen Kaserne. Sie entstand zwischen 1975 und 1979. Mit einer Fläche von ca. 53.000 qm ist sie die zentrale Grün- und Naherholungsfläche für die Bevölkerung im Süden der Stadt. Hier toben Hunde, grillt die Jugend, spielen Kinder und spazieren oder sitzen Eltern.

Leinenpflicht!

Hundekotbeutelspender am Park

Der Südpark ist eine der **angesagten Grünflächen** ❶ der Stadt.

Neben den ästhetischen und stadthygienischen Funktionen hat der Südpark eine wichtige soziale und kulturelle Bedeutung für die umliegenden Wohnquartiere: Er ist Treffpunkt und **Ort der Begegnung** aller Generationen und unterschiedlichster Bevölkerungsgruppen.

Für Hunde gilt hier allerdings strenge Anleinpflicht. Aber auch an der Leine kann man ja den einen oder anderen Vierbeiner treffen und erfreut beschnuppern. Und für eine kleinere Hunderunde ist der Südpark trotz Anleinpflicht ideal.

Gut zu erreichen ist dieses grüne Kleinod vom Kirchplatz der **St. Josef-Kirche** ② aus. Man gelangt dann in den nördlichen Teil der Grünanlage.

Der Weg führt an einer ungewöhnlichen „**Skulptur**" vorbei, die aus zusammengeschweißten Fahrradteilen besteht ③. Aber so gern Ihr Hund sicherlich daran schnuppern würde: Ein Zaun hält ihn leider davon ab.

Direkt am Eingang befindet sich der betreute **Abenteuer- und Bauspielplatz ABI** ④ für organisierte Freizeitgestaltung. Das dem städtischen Jugendamt zugeordnete Projekt macht Kindern unter dem Motto „Abenteuer-Bauen-Initiativen" verschiedene Angebote zur sinnvollen Freizeitgestaltung.

Die neugotische St. Josef-Kirche bildet mit ihren hochaufragenden Doppeltürmen eine markante städtebauliche Dominante. Die Turmspitzen der 1905 geweihten Kirche wurden im Zweiten Weltkrieg zerstört und nicht wieder aufgebaut. Das Bild der Kirche wird heute durch die zeltartigen Turmdächer mit einem Dachreiter auf dem nördlichen Turm geprägt.

Sieht doch gut aus! Aber an Sommerwochenenden sind wir leider nicht so gerne gesehen!

59

Nach Eintritt in den Park hält man sich rechts, um die Runde gegen den Uhrzeigersinn zu laufen. Folgen Sie dabei stets dem *äußeren Weg* 5. Er führt Sie einmal um den Südpark herum.

Hinter hohen Sträuchern versteckt liegt ein interessanter *Staudengarten*.

Hauptattraktion ist ein großes, flaches *Wasserbecken* 6 mit stark geschwungener Uferlinie und einem Springbrunnen. Hier können auch kleinere Kinder gefahrlos am Wasser spielen und an heißen Tagen erfrischende Abkühlung finden.

Am Rande des etwas höher liegenden Bereichs hinter dem Wasserbecken befindet sich ein Ständer mit Hundekotbeuteln.

Besonders ist, dass den Bürgern in dieser Parkanlage zahlreiche Freizeit- und Erholungsangebote zur Verfügung stehen, darunter mehrere Spielplätze für verschiedene Altersgruppen. Eine Wetterschutzhütte und zahlreich aufgestellte Bänke fördern die hohe Aufenthaltsqualität in diesem Bereich für Jung und Alt. Den größten Teil nehmen *weitläufige Rasenflächen* 7 mit einigen schattenspendenden Bäumen ein.

Als Mahnmal erinnert ein kleiner Betonbunker – 2m hoch, 1,50m breit –, ein sog.

Die weitläufigen Rasenflächen des Parks werden bei warmem Wetter gerne als Liegewiese benutzt. Also bitte nicht als Hundetoilette für große Geschäfte zweckentfremden!

Ein-Mann-Bunker 8, an das Leiden und Sterben der Zivilbevölkerung im Zweiten Weltkrieg.

Während man im Winter hier nur vereinzelt auf andere Leute trifft, ist mit dem ersten Sonnenstrahl im ganzen Park richtig was los: volle Spielplätze, volle Liegewiesen, Slacklines, Musik und der Duft von Gegrilltem. Wir empfehlen an solchen Tagen mit viel Rummel im Park, einfach ein anderes Ziel aufzusuchen,

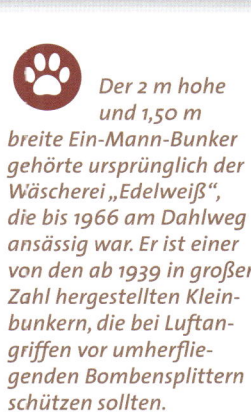

so schön der Südpark ansonsten auch für die kleine Runde geeignet ist.

Der 2 m hohe und 1,50 m breite Ein-Mann-Bunker gehörte ursprünglich der Wäscherei „Edelweiß", die bis 1966 am Dahlweg ansässig war. Er ist einer von den ab 1939 in großer Zahl hergestellten Kleinbunkern, die bei Luftangriffen vor umherfliegenden Bombensplittern schützen sollten.

Ätsch! Für Sommerwochenenden kennen wir viel bessere Touren!

Hiltruper See /
Hohe Ward

Einzigartiges Waldgebiet
mit See

AUF EINEN BLICK:

Großes Wander- und Reitwegenetz, Natur- und Klimalehrpfad, historisches Wasserwerk, Dauer: ca. 2 Stunden

Das große **Naherholungsgebiet** Hohe Ward ist ein **einzigartiges Waldgebiet** und liegt 16 km südlich von Münsters Innenstadt. Naturbegeisterte nicht nur aus Münster zieht es hier ins Grüne, ob mit dem Fahrrad, zu Fuß oder hoch zu Ross. Auch Hundeliebhaber und die Vierbeiner selbst kommen hier auf ihre Kosten und haben vielfältige Möglichkeiten, ausgedehnte Spaziergänge durch den Wald zu unternehmen.

Besonderer Anziehungspunkt ist der **Hiltruper See** ❶. Er entstand aus einer ehemaligen Sandgrube und ist ein Ergebnis des Baus der Bahnlinie Münster-Dortmund und einer Kalksandsteinproduktion.

Allerdings herrscht hier heute aus Grundwasserschutzgründen Badeverbot. Ein 13 km langer **Naturlehrpfad** ❷ hilft mit 15 Informations-Tafeln, die faszinierende Landschaft zu verstehen.

Für die Wanderung in der Hohen Ward ist festes Schuhwerk empfehlenswert, da außerhalb der Hauptachse die Wege größtenteils sandig oder aber gemulcht sind. Der mit weißen Rauten ausgeschilderte Weg bietet nur eine vieler Möglichkeiten, durch die Hohe Ward spazieren zu gehen. Sie können also nach eigener Lust, nach Wetterlage oder auch nach Kondition des Hundes entscheiden, wie lange Sie in der Hohen Ward die Zeit verbringen wollen.

🐾 *Der Boden besteht aus Kiessand, der in einem langen Kiessandrücken zusammengeschoben wurde. Da dieser mächtige Kiessandrücken als natürlicher Reinigungsfilter wirkt, ist die gesamte Hohe Ward als Trinkwasserschutzgebiet ausgewiesen.*

Für Sie und Ihren Hund haben wir einen Rundgang zusammengestellt, der knapp 2 Stunden dauert und Ihnen einen Einblick in die Vielfalt dieses Naherholungsgebiets gibt.

Dieser Rundgang beginnt am Parkplatz, der direkt an der **Straße „Hohe Ward"** liegt. Sie erreichen ihn, wenn Sie über die **Hammerstraße**, später **Westfalenstraße**, stadtauswärts fahren, durch den Ortsteil **Hiltrup**, den Kanal überqueren und dann links abbiegen

 Am Parkplatz finden Sie zwei Gebietskarten, die eine mit Hinweisen auf einen Wald-Klima-Lehrpfad und die andere auf einen Naturlehrpfad.

in die **Straße „Zum Hiltruper See"** und von dort der Parkplatzausschilderung über die „Hohe Ward" folgen.

Folgen Sie zunächst der Ausschilderung zum Naturlehrpfad in Richtung Hiltruper See.

Der **Hiltruper See** ❸, von Münsteranern auch Steiner See genannt, entstand durch Sandabbau und liegt direkt auf dem Münsterländer Kiessandzug.

Am nördlichen und nordwestlichen Ufer befinden sich seit 1968 ein Freibad, die **Anlage eines Segelclubs** ❹, eine Tennisanlage und ein Hotel.

Der See umfasst eine Fläche von knapp 16 ha und seine maximale Wassertiefe beträgt 4,50 m. Aufgrund seiner Lage im Wasserschutzgebiet und seiner Funktion zur Trinkwassergewinnung herrscht hier Badeverbot. Erster Pächter des Sees war ab 1920 der Dortmunder Fabrikant Steiner, der dort bis 1925/26 eine Forellenzucht betrieb.

Das **Hotel Krautkrämer** 5 liegt sehr idyllisch mit zahlreichen Balkonen und Terrassen zum See hin. Nach ca. 200 m stoßen Sie von dem gemulchten Weg auf einen gefestigten Weg und biegen links ab,

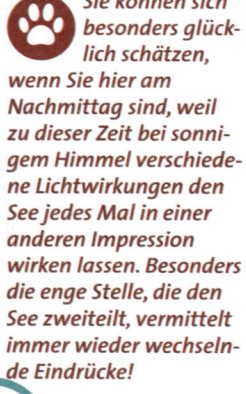

Ich bin die beste Freundin der Enten!

um den Hiltruper See im Uhrzeigersinn zu umrunden. Folgen Sie dem Weg um den See herum.

Nachdem Sie die Hotelanlage und den Segelclub passiert haben und der Weg Sie rechts um den See weiterführt, kann es bisweilen kurz laut werden. Der Grund hierfür liegt darin, dass mitten durch dieses Gebiet die Bahnstrecke Münster-Dortmund führt.

Nachdem Sie den See fast umrundet haben, stoßen Sie auf die **Hauptachse**, die die

Sie können sich besonders glücklich schätzen, wenn Sie hier am Nachmittag sind, weil zu dieser Zeit bei sonnigem Himmel verschiedene Lichtwirkungen den See jedes Mal in einer anderen Impression wirken lassen. Besonders die enge Stelle, die den See zweiteilt, vermittelt immer wieder wechselnde Eindrücke!

Nachdem Geologen die guten Filtereigenschaften des Kiessandbodens entdeckt hatten, der die Versickerung und Aufbereitung des Wassers aus dem Dortmund-Ems-Kanal möglich macht, wurde die Hohe Ward für die Wassergewinnung genutzt und weiträumig unter Schutz gestellt. Das historische Wasserwerk dokumentiert, dass hier seit 1906 Wasser gewonnen wird. Es ist noch heute in Betrieb, natürlich auf dem neuesten Stand der Technik, und bereitet bis zu 1,2 Mio. Liter Trinkwasser pro Stunde auf. Mehr über die Wassergewinnung in der Hohen Ward können Sie auf den Schildern am Wegesrand erfahren und mit eigenen Augen erleben.

Hohe Ward in West–Ost–Richtung durchquert. Sie folgen diesem Weg, indem Sie nach links in östliche Richtung abbiegen. Zunächst überqueren Sie die **Bahnstrecke** und folgen der Achse knapp 2 km.

Hier befindet sich links das **historische Wasserwerk** ⑥. An dem ständig laufenden Wasserhahn direkt auf der Ecke können sich Wanderer und Hunde an dem frischen kühlen Nass erfrischen.

In der Regel steht ein kleiner Wassernapf speziell für die Vierbeiner bereit und kann aufgefüllt werden.

Hinter dem Wasserwerk biegen Sie links ab. Nach circa 100 m befindet sich links die **Wasseraufbereitungsstelle** mit einer entsprechenden Erläuterung.

Vor dieser biegen Sie erneut links ab und wandern nun leicht ober-

Der Wassernapf war heute weg!

halb der einzelnen Wasserbecken in westlicher Richtung zurück. Unterwegs stoßen Sie auf der rechten Seite auf den **Gedenkstein Galgenknapp** 7, der auf der Bronzeplakette Grausiges der früheren Gerichtsstätte hier in der Nähe dokumentiert.

🐾 *Auszug aus der Inschrift: Etwa 75 Meter nördlich seines Standorts wurden um 1880 bei Sandabgrabungen auf dem sogenannten „Galgenknapp" menschliche Skelettreste gefunden. Darunter 13 Schädel, durchbohrt von einem eisernen Nagel, der unter dem Kinn umgebogen war. Auf diese Weise sollte der Gerichtete mundtot gemacht werden.*

Nach ca 1.500 m gabelt sich der Weg, hier halten Sie sich links und stoßen nach etwa 150 m wiederum auf die Hauptachse.

Halten Sie sich hier rechts und Sie kommen automatisch wieder zurück zu Ihrem Ausgangspunkt, wo Sie am Parkplatz Ihre Hunderunde gestartet haben.

Wienburgpark

Freilaufzone & Treffpunkt
für Hundefreunde

26 ha großer Stadtpark, vielfältiger Lebensraum für Pflanzen und Tiere, Hundefreilaufzone und 2.000 m befestigte Wege, 2900 m Rindenmulchwege, begehbare Wiesen, Dauer: ca. 1 Stunde, zusätzlich viele Möglichkeiten zu pausieren

*Hunde-
freilaufzone*

Diese in den Jahren 1986/87 entstandene Anlage ist keine typische städtische Parkanlage, denn hier finden Sie eine einzigartige Verbindung von Stadtranderholung und Freizeitgestaltung mit Biotopschutz und Naturerlebnis. Das umgangssprachlich als Nordpark bezeichnete Areal ist ein vielfältiger Lebensraum für Pflanzen und Tiere und dient als Ort zur Erholung für die Einwohner Münsters.

Ein Paradies für Hunde und Hundefreunde: Im Norden der Stadt liegt **Münsters größte öffentliche Hundefreilaufzone**, der ca. 26 ha große Stadtpark Wienburg oder kurz Wienburgpark.

Kein Wunder, dass der Wienburgpark **Treffpunkt für Hundefreunde** ist. Viele Möglichkeiten, den Vierbeiner über längere Zeit freilaufen und mit anderen Hunden spielen zu lassen, gibt es ja leider in Münster nicht. Ausgenommen von der Leinenfreiheit hier sind lediglich die Sport- und Spielflächen. Das Gebiet bietet für Jung und Alt viele Freizeitmöglichkeiten. Neben den 2 km befes-

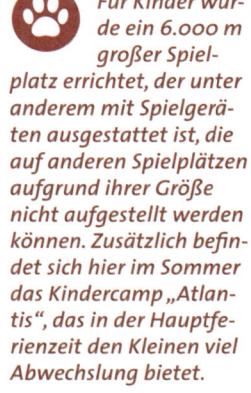

tigten Wegen durchziehen insgesamt 2,9 km lange Rindenmulchwege den Wienburgpark. Sie führen sowohl an schattigen als auch sonnigen Plätzen vorbei. Eine Nutzung der Wege ist nicht zwingend vorgeschrieben, da der Park **kein Naturreservat** ist, also wunderbar für die Hunde, die hier rennen und toben können.

Die Landschaft des Parks unterteilt sich im Wesentlichen in drei Bereiche: Die Hecken und der Waldrand bietet einen Lebensraum für sonst nur im Wald lebende Tiere und Pflanzen.

Für Kinder wurde ein 6.000 m großer Spielplatz errichtet, der unter anderem mit Spielgeräten ausgestattet ist, die auf anderen Spielplätzen aufgrund ihrer Größe nicht aufgestellt werden können. Zusätzlich befindet sich hier im Sommer das Kindercamp „Atlantis", das in der Hauptferienzeit den Kleinen viel Abwechslung bietet.

Wasservögel, Amphibien und Insekten finden in den Feuchtbereichen gute Lebensbedingungen. Und auf den Blumenwiesen sind zahlreiche Insekten sowie Wiesenvögel zu Hause.

Mit Ihrem Hund empfehlen wir Ihnen, im nördlichen Bereich zu starten, denn dort gibt es Parkplätze. Sie biegen vom **Cheruskerring** aus in die **Wienburgstraße** ab, die sich nach ca. 300 m gabelt.

Hier halten Sie sich rechts und folgen der Wienburgstraße. Nach weiteren 300 m hinter dem Sportbereich des DJK Marathon passieren Sie zunächst das Lokal „La Provincia" und danach finden Sie auf der rechten Seite Parkmöglichkeiten.

Von hier betreten Sie den Wienburgpark in einem großzügig gepflasterten Bereich, der insbesondere auch von Skatern benutzt wird. Sie halten sich links und folgen dem Verlauf des Weges. Nach ca. 100 m wird der Weg von Bäumen gesäumt, Sie halten sich hier weiter links und biegen nach weiteren 100 m an einem T-Punkt rechts ab.

Nach erneuten 100 m haben Sie die Möglichkeit, links abzubiegen und im Bereich der **Hotelanlage Wienburg** ❶ einen **Skulpturenpark** ❷ mit barocken Figuren aufzusuchen.

Aber Achtung, lassen Sie sich durch die Beschilderung im Eingangsbereich nicht verwirren: Rechts steht ein Ständer mit Hundekotbeuteln und links ein Schild mit Verhaltensregeln, u.a. mit dem Hinweis „Hunde kein Zutritt". Aber das Rätsel ist schnell gelöst: Wenn Sie durch das Tor gehen, laufen Sie geradeaus direkt auf eine Grünfläche zu, die als Spielfläche ausgewiesen ist und damit für Hunde verboten ist. Links und rechts gibt es allerdings Wege, die Ihr Vierbeiner natürlich angeleint betreten darf.

Gehen Sie anschließend zurück an den Punkt, von dem aus Sie das Hotelareal betreten haben und setzen Sie Ihren ursprünglichen Weg geradeaus in den Wald fort.

Dieser führt Sie in den Bereich eines **Feuchtbiotops** ❸. Hier haben zahlreiche seltene Tier- und Pflanzenarten ihre Heimat. Graureiher und Gänse, Krick- und Reiherenten und sogar der Eisvogel lassen sich beobachten. Sie passieren das Biotop dem Wegverlauf folgend und biegen nach ca. 200 m rechts ab über eine Brücke. Nach ca. 50 m halten Sie sich links und folgen danach rechts haltend der Parkumrundung

Nun wird es für Ihren Vierbeiner besonders spannend und interessant. Denn auf den großen Wiesen kann er ohne Leine rennen, spielen, andere Hunde verfolgen und toben – ein Eldorado für Fellnasen.

🐾 *Nach Zerstörung und Neuerrichtung des alten Herrensitzes gestaltete Barockbaumeister Johann Conrad Schlaun, dem Münster u.a. auch das Schloss (-> S. 50f) und den Erbdrostenhof (-> S. 41f) verdankt, den Herrensitz um 1765 prachtvoll um. Seit 1826 ist die Wienburg in den Händen der Gastronomenfamilie Holtmann.*

🐾 *Die Skulpturen des Bildhauers Johann Wilhelm Gröninger (1675-1724) sind zwar allesamt sehr stark beschädigt, teilweise auch kopflos, sie stellen in Münster jedoch den bedeutendsten barocken Figurenpark dar. Sie sollen die Tageszeiten, die Jahreszeiten und die Temperamente verkörpern, sind aber leider nicht mehr vollzählig. Nur 10 Skulpturen sind heute noch erhalten.*

Wenn sich Ihr vierbeiniger Liebling dann entscheiden sollte, wieder mit Ihnen weiterzugehen, halten Sie sich für Ihre Runde weiter links im Randbereich des Parks und Sie werden schon bald feststellen, dass nicht nur Hunde, sondern auch zweibeinige Lebewesen ihre Ausdauer in einem eigens angelegten Trimm-bereich trainieren können.

Weiter entlang der mit Bäumen gesäumten Wege werden Sie zum Herzstück des Wienburg-parks, einem kleinen Wald, geführt. Nachdem Sie diesen links liegen gelassen haben, laufen Sie schon bald auf den Ausgangspunkt zu, der Eingang, durch den Sie den Park betreten haben.

Kumpels, wo seid ihr?

Neben dieser Außenumrundung haben Sie immer mal wieder Möglichkeiten, in das Parkinnere zu gehen und zwi-schen den Grünflächen zu laufen. Die Außenumrundung umfasst ungefähr 3,5 km, bei zügigem Gang haben Sie sie in einer ¾ Stunde geschafft. Da Sie es aber sicherlich nutzen, Ihren Hund hier toben zu las-sen und auch den **Skulpturenpark** am **Hotel Wienburg** aufzusuchen, kalkulieren Sie für einen schönen und auch interessanten Spaziergang 1,5 Stunden ein.

Rieselfelder

Vogelschutzgebiet
& Europareservat

AUF EINEN BLICK:

> *Ca. 6 km Spazierwege, mehrere auch kürzere Rundwege, 230 ha großes Naturschutzgebiet, faszinierende Tierwelt, strenge Leinenpflicht*

Sie sind Hundeliebhaber und durchaus offen für die faszinierende Welt der Vögel und der Natur? Dann empfehlen wir Ihnen einen ausgedehnten Spaziergang durch das **Europareservat Rieselfelder** ❶. Zwar muss Ihr Vierbeiner angeleint bleiben und findet sicherlich so manch einen Besuch einer Beobachtungshütte nicht so toll, aber er wird es dennoch genießen, mit Ihnen durch die faszinierende Vogelwelt mit Ihren Geräuschen und Gerüchen zu gehen.

Daneben erleben Sie in diesem Gebiet eine vielfältige
Flora und Fauna. Gehen Sie
offenen Auges durch das
beeindruckende Areal. Je
nach Lust und Laune und mit
interessanten Beobachtungspausen können Sie sich hier
problemlos mehrere Stunden
aufhalten. Dieses **mehrfach ausgezeich-
nete Vogelschutzgebiet** ❷ befindet sich
6 km nördlich vom Stadtzentrum.

Vor allem Vögel der unterschiedlichsten
Arten haben in dem gut 230 ha großen
Naturschutzgebiet ein Zuhause gefunden.
Die Rieselfelder sind zwar in erster Linie
aufgrund **international bedeutender
Bestände rastender Vögel** ❸ bekannt ge-
worden, haben jedoch inzwischen auch als
Brutgebiet ❹ große Bedeutung erlangt.

Zahlreiche **bedrohte Vogelarten** nutzen hier eine ungestörte Rückzugsmöglichkeit. Es wurden bereits über 130 verschiedene Arten gezählt. Etwa ein Viertel der Gesamtfläche sind dabei Wasserflächen.

Lassen Sie sich überraschen von Insekten, Säugetieren, Amphibien und Reptilien. Neben Rehen, Füchsen und Mardern können Sie auch Nutrias und Bisame beobachten.

Dieses Naturparadies ist jedoch keineswegs natürlich, sondern wurde **künstlich angelegt**. Vor gut 100 Jahren begann die Stadt nämlich an dieser Stelle, ihre Abwässer durch Verrieselung zu reinigen, sie also nach einer mechanischen Vorreinigung kontrolliert im Boden versickern zu lassen.

Quer durch das Naturschutzgebiet verläuft die Straße **Coermühle** mit zwei wichtigen Adressen: An der Coermühle 100 befindet sich der **Rieselfeldhof**, eine Hofanlage mit Gaststätte und einem Informationszentrum;

🐾 *Als Folge der steigenden Einwohnerzahl Münsters nahm die Abwassermenge erheblich zu. Die Verrieselungsfläche wuchs an, viele Flächen blieben ganzjährig mit Abwasser überstaut. Gleichzeitig wurden viele Binnenland-Feuchtlebensräume in Europa zerstört. So fanden in Münsters Rieselfeldern zahlreiche Wasser- und Watvogelarten ein ideales Rast- und Brutgebiet. 1968 wurde die „Biologische Station Rieselfelder Münster" gegründet, um diesen besonderen Lebensraum genauer zu beobachten und zu schützen. 1978 erfolgte die Auszeichnung als Europareservat, 1983 die Anerkennung als Feuchtgebiet von internationaler Bedeutung.*

an der Coermühle 181 ist die **Biologische Station** mit umfangreichen Materialien zu diesem Areal. An beiden Stellen bekommen Sie auch Informationsmaterial und eine Gebietskarte und haben die Möglichkeit, Ihr Auto abzustellen.

Die Coermühle unterteilt die Rieselfelder in zwei Teilbereiche. Im nordwestlichen Bereich

sind die ursprünglichen Streckenführungen an den Rieselfeldern erhalten, diese können aber wegen verschlossener Tore an den Wegen häufig nicht begangen werden. Ein Rundweg und einige Beobachtungshütten führen durch dieses Wasserparadies.

Um noch mehr Platz für seltene Tier- und Pflanzenarten zu schaffen, ist das Reservat Im Südosten um ein „Naturerlebnisgebiet" erweitert worden. Auf den zahlreichen Wegen können Sie einen ausgedehnten Spaziergang mit Ihrem Vierbeiner unternehmen. Dieser Bereich wird von den befestigten Straßen **Coermühle** im Nordwesten, **Hessenweg** im Nordosten und **Coerheide** im Südosten begrenzt.

Aufgepasst: Was für die Vögel nur gut ist, kann für Sie und Ihren Hund ganz schön lästig werden. Gerade im Sommer laufen Sie Gefahr, zu einer wahren Mückentankstelle zu werden. Denken Sie daran, Ihren Körper im Sommer mit langer Kleidung vor diesen Plagegeistern zu schützen.

Wir empfehlen für einen Spaziergang mit Ihrem Vierbeiner, am **Rieselfeldhof** **5** zu starten, in dessen Gebäuden auch das **Ausflugslokal Heidekrug** untergebracht ist, ein über 100 Jahre altes rustikales Bauerncafé mit westfälischer Küche und Terrasse, wo Sie sich über das Gebiet vorab informieren können. Am Rieselfeldhof können Sie auch Ihr Auto parken. Im ehemaligen Kuh- und Pferdestall erwartet Sie eine **Dauerausstellung** zu den Rieselfeldern.

Hier wird es jetzt spannend!

RIESELFELDER

Sie können selbst entscheiden, wie lange Sie sich hier aufhalten bzw. wie weit Sie hier laufen wollen, es steht eine Strecke bis ca. 6 km zur Verfügung.

Der südöstliche Bereich der Rieselfelder, der von diesem Parkplatz ausgeht, ist das sogenannte *„Naturerlebnis-gebiet"* **6** mit zahlreichen

Achtung! Hauptstraße, Fahrradtouristen und Trainingsstrecke für Rennradfahrer

begehbaren gut ausgeschilderten Wegen. Es befindet sich rechts von der befestigten **Straße Coermühle**.

Auf verschiedenen Wegen führen Sie Ihren Hund vorbei an größeren Stauteichen und Feuchtwiesen, Streuobstwiesen, Feuchtbrachen und Gehölzen. Immer wieder stoßen Sie auf Beobachtungshütten und Aussichtspunkte, von wo aus Sie das bunte Treiben in den un-

Muss ich Angst vor dir haben?

terschiedlichen Naturzonen ins Visier nehmen können.

Mit der Hofanlage im Rücken gehen Sie geradeaus in nordöstliche Richtung durch eine **Wiese mit Obstbäumen** 7 und vorbei an einer der vier Weiden, auf der Sie das ganze Jahr über **Heckrinder** 8 mit ihren markanten Hörnern finden, die mit ihrem Weidegang die Landschaft offen halten. Diese Tiere gelten als „winterhart".

Das kleine Häuschen rechts ist ein sog. **Rieselwärterhäuschen**, 9 eine Unterkunft für die ca. 33 Rieselwärter, die bis 1975 rund um die Uhr für die Verteilung des aus der Stadt kommenden Abwassers sorgten.

Nach gut 800 m biegen Sie hinter einer Beobachtungshütte und dem rechts gelegenen Stauteich nach links ab, überqueren die

Straße Coermühle und begeben sich in den **Bereich der Schilfwiesen im Wassergebiet** ⑩

Dieser Bereich auf der anderen Seite der Coermühle ist für die Öffentlichkeit nur teilweise frei zugänglich, um Ruhezonen für störungsempfindliche Vogelarten zu schaffen. Aber Sie können die verschiedenen **Beobachtungshütten** ⑪ aufsuchen, die Ihnen störungsfreie Beobachtungen ermöglichen.

Von den verschiedenen Beobachtungspunkten erkennen Sie wunderbar die ursprüngliche Anlage der Rieselfelder. Die circa 100 qm großen Polder sind zum größten Teil erhalten, allerdings mittlerweile häufig zu größeren Flächenkomplexen zusammengefasst worden, um vor allem durchziehenden Vögeln mehr Ruhe zu bieten.

Im Gegensatz zum Naturerlebnisgebiet ist dieser Teil der Rieselfelder seit Jahrzehnten regelmäßig bewässert worden. Insgesamt ist dieser Bereich für den Spaziergänger zwar nicht so interessant, gehört jedoch zum Gesamteindruck dieses Areals dazu, deshalb haben wir einen „kurzen Schwenker" durch dieses besondere Naturschutzgebiet eingefügt.

Nach ca. 400 m geht nach rechts ein kleiner Weg in das Gebiet und Sie erreichen den ersten Ausguck aus dem Jahr 1978.

Gehen Sie zurück und folgen dem ursprünglichen Weg, bis Sie nach weiteren ca. 200 m rechts abbiegen und dann nach rund 700 m

An der Biologischen Station gibt es vertiefende Informationen über die Rieselfelder.

auf die **Biologische Station** der Rieselfelder Münster stoßen.

Der Rundgang findet seine Fortsetzung, indem Sie erneut die Straße Coermühle, an der auch die Parkplatzzufahrt zur Biologischen Station liegt, überqueren. Schon befinden Sie sich wieder in dem für Besucher abwechslungsreicheren „Naturerlebnisgebiet".

Sie gehen 500 m rechts entlang des Hessenweges, vorbei am **großen Stauteich**. Dann biegen Sie rechts ab und passieren nach 200 m eine Beobachtungshütte. Genießen Sie hier die Ruhe und den Ausblick auf die zahlreichen Vögel.

Nach weiteren 200 m gabelt sich der Weg. Wir empfehlen, einen kurzen Abstecher nach rechts zu machen, denn dann erreichen Sie den grandiosen 12 m hohen **Aussichtsturm** .

Vom Aussichtspunkt gehen Sie zurück und biegen nach 500 m dem Weg folgend rechts ab. Sie folgen dem Verlauf des Weges, der

Der Turm bietet Ihnen nicht nur eine faszinierende Sicht über die Rieselfelder, sondern gerade bei klarem Wetter einen Blick bis zu den Kirchturmspitzen Münsters und sogar bis zu den Anfängen des Teutoburger Waldes.

jetzt an der östlichen Seite der **Stauteiche** 14 vorbeiführt und nach ca. 400 m rechts abbiegt.

Erneut passieren Sie eine Beobachtungsstation und biegen nach 300 m links ab. Sie folgen dem Verlauf mit einem Rechtsknick, passieren eine weitere Beobachtungshütte und biegen nach dieser nach 200 m links ab.

Der Weg führt Sie mit einem Rechtsknick direkt zurück zum **Rieselfeldhof** 15. Für diese Runde kalkulieren Sie ungefähr 1,5 Stunden ein, es sei denn, die Natur fasziniert Sie so sehr, dass Sie mehrere längere Beobachtungspausen einlegen.

Havichhorster Mühle

Münsterländer Parklandschaft

Auf einen Blick:

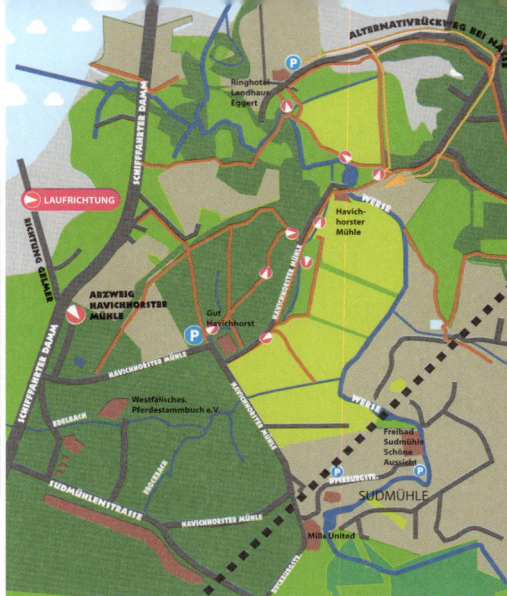

Ca. 9 km entfernt vom Stadtzentrum

Zufahrt vom Schifffahrter Damm

befestigte Wege aber auch Wald, Wiesen und Wasser

Dauer: ca. 1¾ Stunde

Einen herrlichen Hundespaziergang bietet der Weg vom ***Gut Havichhorst*** über die Havichhorster Mühle, vorbei an der weit über das Münsterland bekannten ***Westfälischen Reit- und Fahrschule*** bis hin zum ***Landhaus Eggert*** und zurück. Ein Erlebnis nicht nur für Ihren Hund.

Planen Sie für den Rundgang ohne Pause ca. 1 ¾ Stunde ein. Die Anfahrt zum Spa-

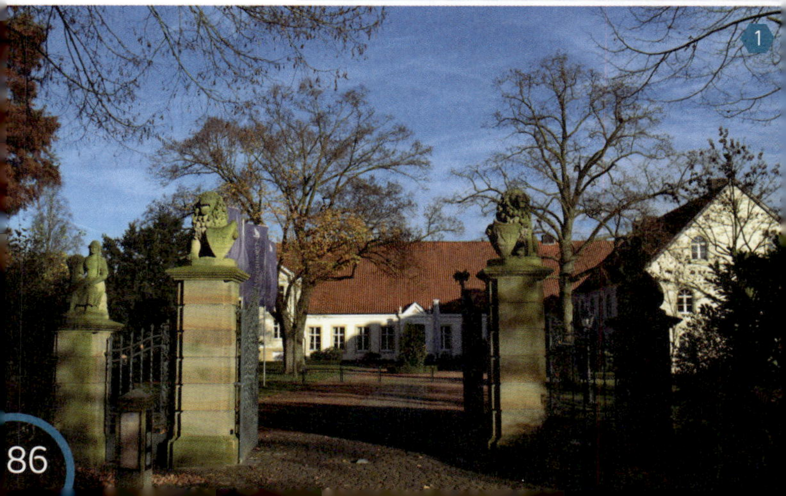

ziergang erfolgt über den **Schifffahrter Damm** Richtung stadtauswärts. Nach dem Abzweig Handorf folgt rechts nach ca. 500 m eine separate Ausschilderung „Gut Havichhorst". Folgen Sie dieser Ausschilderung und fahren direkt auf das in die Münsterländer Parklandschaft eingebettete **Gut Havichhorst**  zu.

Es ist schon allein wegen seiner über 1.000-jährigen Geschichte einen Besuch wert. Noch heute zeugen die beiden **Löwen auf den Torpfeilern**  sowie das stattliche Gutshaus von der Größe und einstigen Bedeutung des Anwesens.

Hier befindet sich ein großer Parkplatz.

Diese bekannte Hofstelle gehört zu den ältesten im Münsterland. Heute befinden sich auf dem Gut ein Tagungszentrum sowie an der Gräfte des Gutshofs gelegen der moderne Komplex der **Westfälischen Reit- und Fahrschule Münster**  mit

Das Gut gehört zu den ältesten Siedlungsplätzen im Münsterland. Während die Silbe „Horst" einen dichten Wald bezeichnet, steht „Havich" für den Habicht, der dort wohl zu Hause war. Der Raubvogel ziert auch heute noch das Wappen des Gutes.

Denken Sie auf jeden Fall daran, feste Schuhe anzuziehen. Denn die Waldwege können schon mal recht matschig sein. Außerdem werden Sie häufig spüren, dass Sie sich in einem Areal mit vielen Reitern und Pferden befinden und diese Tiere haben nun mal die Eigenschaft, „der Natur freien Lauf zu lassen".

Westfälische
Reit- und Fahrschule

Gott sei Dank hat Frauchen das Pferd nur mit dem Teleobjektiv rangezoomt!

Trainingsgelände, auf dem Pferde und Reiter auf unterschiedlichem Niveau ausgebildet werden. Die Schule zählt zu den **eindrucksvollsten Reitanlagen Deutschlands** ❹.

Starten Sie mit Ihrem Vierbeiner auf dem für den Verkehr abgesperrten Weg in den Wald. Sie haben nach ca. 50 m die Wahl zwischen dem etwas längeren Weg (ca. 15 Min. zusätzlich) geradeaus oder Sie wählen die etwas kürzere Route entlang dem großzügig angelegten Trainingsparcours für den Pferdesport. Wenn Sie sich für die längere Route entscheiden, biegen Sie nach ca. 700 m am Ende rechts ab und stoßen später auf den kürzeren Weg. Beide Wege laufen auf die befestigte Straße „Havichhorster Mühle" zu.

Halten Sie sich links und Sie stoßen auf die
Havichhorster Mühle 5 an der Werse.

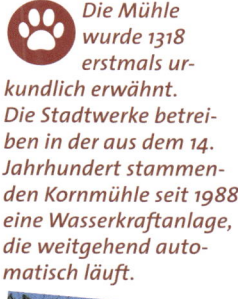

Die Mühle wurde 1318 erstmals urkundlich erwähnt. Die Stadtwerke betreiben in der aus dem 14. Jahrhundert stammenden Kornmühle seit 1988 eine Wasserkraftanlage, die weitgehend automatisch läuft.

Je nach Wasserstand der vorbeifließenden Werse kann das Getöse des herabstürzenden Wassers schon mal sehr groß sein – ein faszinierendes Naturschauspiel. Die maximale Fallhöhe des Wassers beträgt immerhin 3,9 m.

Hier in der Nähe hat Ihr Hund auch mehrere Möglichkeiten, runter ans Wasser zu gehen.

Wenn Sie nach Überqueren der Werse der Ausschilderung des Radweges folgen, gelangen Sie zum **Landhaus Eggert** 6, das etwas erhöht liegt.

Los weiter!

Speziell im Sommer können Sie hier einen herrlichen Blick in die naturbelassene Parklandschaft des Werseflussbettes und des Münsterlandes genießen. Und Ihr Vierbeiner kann sich hier in die Sonne legen und Kraft fü den Rückweg tanken.

Der Weg zurück ist übrigens identisch – Sie können jedoch auch der Straße „Havichhorste Mühle" folgen und entlang dem Pferdegestüt bis zum **Gut Havichhorst** spazieren.

Auffallen werden Ihnen hier die Geschenkpaketen ähnelnden **Bienenkörbe** 7. Der „**GutsHonig**" wird auf Gut Havichhorst verkauft.

Sind Sie nachmittags bei Sonnenschein hier, laufen Sie wunderbar der Sonne entgegen.

Boniburger Wald

Natur & Geschichte

AUF EINEN BLICK:

Große Waldflächen, Landschaftspark mit kulturhistorischer Anlage, Dauer: 1,5 Stunden

SUDMÜHLE

MARIENDORF

BONIBURGER WALD

DYCKBURG KAPELLE

P

P

VORSEHUNGSKLOSTER/ GYMNASIUM ST. MAURITZ

BONIBURG

WESEL

WESEL

HANDORF

DONNERHÄUPT

HANDORFER STRASSE

TIERHEIM MÜNSTER

LAUFRICHTUNG

Leinenpflicht!

Rund 6 km nordöstlich der Innenstadt, zwischen **Mauritz** und **Handorf**, lädt der malerisch gelegene Boniburger Wald zu erlebnisreichen Wanderungen und Spaziergängen ein. Herrliche Waldwege für Hund und Herrchen, und Ihr Vierbeiner darf hier frei laufen. Achten Sie nur darauf, dass er in Ihrer Nähe bleibt. Machen Sie sich mit Ihrem Hund auf zu einem ausgedehnten Spaziergang. Eineinhalb Stunden brauchen Sie mindestens. Sie können sich aber gut und gerne länger dort aufhalten.

Wir schlagen vor, *Haus Dyckburg* ❶ anzufahren und den Rundgang hier zu starten. Es gibt einen Parkplatz, an dem auch eine große *Gebietswanderkarte* ❷ aushängt, die Ihnen Orientierung über das Areal gibt und mit deren Hilfe Sie Ihren Rundgang planen können. Außerdem können Sie die barocke **Loreto-Kapelle** ❸ aufsuchen und in dieser Zeit Ihren Hund noch im Auto lassen. Dieses Kleinod bildet den Eingangstrakt der Kirche Mariä Himmelfahrt.

Im Osten des Pfarrhauses, unmittelbar an der Zufahrt zu Haus Dyckburg, findet sich ein interessanter

„**Sinnesgarten**", den Sie mit Ihrem Hund aufsuchen können. Einge-bunden ist ein etwa 100 m langer Kreuzweg mit 14 Stationen.

Ein Hinweisschild macht zudem darauf aufmerksam, dass der **westfälische Ja-kobsweg** ❹ hier entlangführt. Beim Spaziergang durch den Boniburger Waldes stoßen Sie immer wieder auf diese Hinweise.

Das Haus Dyckburg befindet sich inmitten des heutigen Boniburger Waldes.

Verlassen Sie das Areal der Dyckburg durch das weiße geöffnete **Holztor** ❺, sehen Sie auf beiden Seiten Teiche und laufen direkt auf die gepflasterte Boniburgallee zu, die durch den Boniburger Wald führt.

🐾 *1722 erwarb der münstersche Dompropst F. Ch. Graf von Pletten-berg-Marhülsen diese Wasserburganlage und beauftragte den Barock-baumeister Johann Conrad Schlaun mit dem Neubau eines Landsitzes und einer Kapelle im Stil des Wallfahrtsortes Loreto. 1884 übernahm Bonifatius Reichsgraf von Hatzfeld-Trachen-berg die Anlage. Zusam-men mit seiner Ehefrau wurde er in der Dyck-burgkirche bestattet.*

🐾 *Der Name Bo-niburger Wald geht auf das Schloss Boniburg zurück, das hier bis 1970 stand. Von der einst prächtigen Villa ist heute nicht mehr viel zu sehen, lediglich eine kleine Mauer und ein paar Stei-ne erinnern noch an das herrschaftliche Anwesen. Erhalten geblieben ist aber das Waldstück von rund 9 ha am Nordufer der Werse, das heute noch zu ausgedehnten Spaziergängen einlädt.*

Ihr Hund darf hier frei laufen, wenn er in Ihrer Nähe bleibt und kann das Areal auf seine Weise erkunden.

Sie müssen diese asphaltierte Straße nicht nehmen, sondern können die befestigten Wege entlang des Waldes links und rechts der Straße nutzen. Hier bietet es sich auch an, die eine oder andere Schleife rechts in den Wald hineinzugehen, der viele idyllische Bänke für kleine Ruhepausen bereit hält.

Hier kommen Sie an einigen Stationen des *Waldlehrpfades* mit interessanten Informationen über die heimischen Bäume und die Tier- und Pflanzenwelt vorbei.

In der freien Natur müssen sich Hunde grundsätzlich im Einwirkungsbereich des Hundeführers/der Hundeführerin aufhalten. Auf den befestigten Wegen im Wald dürfen Hunde frei laufen, abseits der Wege und in Naturschutzgebieten herrscht immer Leinenpflicht. Besonders in den Brut- und Setzzeiten vom 1. März bis zum 30. September sollte darauf geachtet werden, dass Hunde keine Jungtiere verfolgen oder deren Lebensräume beunruhigen. (Homepage der Stadt Münster, Amt für Grünflächen, Umwelt und Nachhaltigkeit, zuletzt abgerufen am 09.04.2019)

Biegen Sie links ab, passieren Sie das ehemalige *Jagdhaus* 6 und nach ungefähr 1 km stehen Sie vor dem großen, repräsentativen *Tor zur ehemaligen Boniburg* 7.

An dem Tor hat man den Eindruck, die Boniburgallee verläuft einfach weiter mitten durch den großen Park.

🐾 *Nachdem die Baumkrone der Boniburgbuche im Jahr 2010 in sich zusammen gebrochen ist, steht heute nur noch der Rumpf. Nach der Umgestaltung des Geländes zum Landschaftspark, bei der ein Altarm der Werse wieder ausgebaggert worden war, ging der Baum ein. Heute ist er ein Totholzbaum, der von Pilzen und Insekten zersetzt wird.*

Teile einer Mauer, durch deren Tor man das Gelände betritt, und einige alte Bäume, wie auch den Rumpf der 140 Jahre alten Blutbuche, auch **Boniburgbuche** ⑧ genannt, die einst mit einem Stammumfang von 6,60 m Münsters dickster Baum war, und Pflanzen mit teils leicht exotischem Aussehen erinnern noch daran, dass hier am Ufer der Werse einst ein prächtiges Landhaus thronte.

🐾 *Der preußische Regierungsrat von Schleebrügge errichtete 1870 an dieser Stelle eine repräsentative Villa, die fünf Jahre später von Bonifazius Reichsgraf von Hatzfeld-Trachenberg erworben wurde. Dieser ließ das Anwesen im Stil eines Schlosses der Neurenaissance weiter ausbauen. Abgeleitet von seinem Vornamen erhielt die Villa im Volksmund den Titel Boniburg. 1925 erwarb die Stadt Münster das Gebäude und errichtete dort das Kurhaus „Schloß Boniburg“. Nach dem 2. Weltkrieg gab die Anlage vielen Flüchtlingen eine Notunterkunft, bis sie in den 1950er Jahren durch Brand erheblichen Schaden nahm. Ende der 1970er Jahre wurde das Gebäude abgerissen.*

Ehrlich: Ich gehe auch ohne Leine bei Fuß.

Mit der Errichtung des Gebäudes wurde auch ein ausgedehnter **Landschaftspark** angelegt. Ein Viertel des historischen Landschaftsparkes wurde naturnahe Erholungsanlage, ein weiteres Viertel im Bereich des Überschwemmungsgebiets der Werse **Feuchtbiotop** mit Nasswiesen, Röhrichten und Feuchtgehölzen. Die restliche Fläche besteht aus einem **Waldgebiet** mit älterem Baumbestand aus Rotbuchen und Eichen.

In dem Park selbst stehen Sie schon ganz bald vor den **Relikten der Boniburg** 9, alle

direkt am Hauptweg liegend: die Reste der alten Mauer links und v.a. rechts des Tores und die Steine direkt gegenüber rechts, die an das ehemalige Schloss erinnern.

Sehr idyllisch ist die **Brücke über die Werse** 10, auf die Sie direkt vom Tor aus zulaufen. Sie können über die Brücke auf die andere Seite der Werse gehen, haben dort aber lediglich die Möglichkeit, in diesem Areal hin- und herzulaufen, denn eine weitere

Da die Strom-
leitungen heute
unterirdisch ver-
laufen, ist das Trafohäuschen als Nistkasten in 12
m Höhe umfunktioniert
worden. Da, wo früher
die Stromleitungen in das
Trafohäuschen führten,
ist heute eine Öffnung für
Schleiereulen, Turmfalken
oder Fledermäuse. Dahin-
ter liegt ein 1,5 m großer
Nistkasten aus Zinkblech.

Brücke, den Fluss erneut zu überqueren,
gibt es nicht. Schöner ist es auf jeden Fall,
vor der Brücke links entlang des Flusses
spazieren zu gehen. Es gibt auch einige
Bänke, die zur Rast einladen, während Ihr
Hund angeleint die Landschaft und die
Werse erkundet.

Der weitere Weg macht später eine
Schleife und Sie werden am Rand des
Boniburgparks zurück zum Tor geführt.

Kurz hinter der Schleife sehen Sie auf
der linken Seite ein merkwürdiges
hohes Häuschen: Es ist ein altes **Trafohäuschen** aus dem Jahr 1929.

Wir empfehlen, auf dem Rückweg vom
Boniburger Park zum **Haus Dyckburg** einen
anderen Weg als den Hinweg zu nehmen,
so dass Sie mit Ihrem Hund einen Rund-

Meinetwegen können wir von hier sofort zur Werse gehen!

gang durch den Boniburger Wald machen.

Laufen Sie vom Tor aus deshalb links entlang der alten Mauer. Nach ca. 150 m führt links der ***Wersebeckmannweg*** zum ehemaligen Vorsehungskloster und geradeaus gabelt sich dieser Weg. Sie halten sich in der Gabelung rechts und folgen dem Verlauf des Waldweges über ca. 600 m und stoßen dann auf den parallel zur ***Dyckburgstraße*** verlaufenden Wanderweg, auf dem Sie rechts abbiegend weitergehen. Dieser führt Sie nach 150 m auf die befestigte ***Boniburgallee***, die Sie rechts entlang gehen, bis Sie auf der linken Seite wieder die ***Dyckburg*** ⑫ sehen, wo Ihre Runde begonnen hat.

Entlang der Werse

Wasser, Wald & Felder

AUF EINEN BLICK:

Pleistermühle /
Stapelskotten /
Handorf

2 Rundwege
à 90 Minuten

Idylle am Ufer der
Werse

Einen ganz besonderen naturnahen Spaziergang für Sie und Ihren Hund bietet der Weg entlang der Werse im Osten der Stadt.

Das Flüsschen ist ein wahres Kleinod und bei **Paddlern** ❶ sehr beliebt. Während der erste Abschnitt durch Wehre aufgestaut wird und es hier zahlreiche Wochenendhäuser mit ihren Gärten zu bewundern gibt, fließt die Werse in ihren

🐾 *Die Werse ist ein südlicher Zufluss der Ems im Münsterland. Sie fließt 67 km lang von Beckum im Kreis Warendorf und mündet im nördlichen Münster-Gelmer in die Ems.*

letzten Kilometern mit munterer Strömung durch eine unberührte Flusslandschaft.

Wir schlagen vor, mit Ihrem Hund an der **Pleistermühle** zu starten. Hier gibt es einen ausreichend großen Parkplatz und einen Landgasthof. Sofern Kinder dabei sind, kann als Anreiz oder Belohnung am Ende eine Runde Minigolf gespielt werden.

An den Bänken angeleint kann sich Ihr Vierbeiner dabei wunderbar von der Tour erholen.

Die Pleistermühle ist eine alte, aber gut erhaltene **Wassermühle** 2. In den Monaten April/Mai bis September/Oktober findet man hier Möglichkeiten, selbst ein **Kanu auszuleihen** 3 und die Werse zu erkunden. Mitunter fühlt man sich wie in einem dichten, grünen Dschungel – und das mitten im Münsterland.

Aber denken Sie an festes Schuhwerk. Im Sommer und bei trockenem Wetter schiebt sich der Schotter gern in die offenen Schuhe und bei feuchtem Wetter ist der Boden immer mal wieder nass und matschig.

Beginnen Sie Ihren Gang auf der Gaststättenseite der Werse. Vor der Brücke rechts beginnt ein **befestigter Weg**.

Ihr Hund wird sich freuen: Es gibt jede Menge „Stöckchen" an den Wegen und immer wieder Gelegenheiten, ins Wasser zu steigen.

Sie werden sich wundern, was so manch ein Häuslebesitzer dort unter „Bootshaus" versteht. Erwarten Sie in Anbetracht der teilweise enormen Größe der Häuser aber nicht, dass die Boote sich am Verhältnis der Hausgröße orientieren. Hier bleibt die Paddelatmosphäre komplett erhalten.

Zunächst führt der Weg entlang des Werseufers. Während Ihr Hund hier unendlich viele Gerüche

Hab dich!

aufnehmen kann, genießen Sie den wunderbaren Ausblick auf die an der anderen Uferseite gelegenen **Bootshäuser** 4.

Wenn Sie Lust haben, setzen sie sich auf eine der Bänke 5 und lassen Sie Ihren Hund an der langen Leine umherlaufen und schnuppern, vielleicht auch ins Wasser steigen.

Während Sie links auf die abwechslungsreiche Bebauung mit zum Teil wunderschönen und idyllischen Gärten schauen, entführt Sie ein Blick nach rechts ins Münsterland.

Achtung, auf dem gesamten Rundweg begegnen Ihnen Radfahrer!

Am Ende der Ufer-
seite führt der Weg
dann ein wenig hoch in den
Auenwald Stapelskotten 6.

Am Ende des Weges gelangt man auf die
Wolbecker Straße und hält sich links, um
die Werse zu überqueren. Für circa 200 m
ist man kurz dem Verkehrslärm ausgesetzt.

Direkt am Zaun des Freibades entlang geht
es weiter auf einem kleinen Fußweg. Lassen
Sie das Freibad links liegen und gehen
entlang dem **Laerer Werseufer**. Sie passieren das Areal der Paddelabteilung der
TG Münster. Lassen Sie sich durch die zwei
Sackgassen-Schilder einige Meter weiter
nicht irritieren. Sie gelten nur für Autofahrer.

Jetzt laufen Sie mit Ihrem Hund direkt an
den Eingangsbereichen der Bootshäuser vorbei. Genießen Sie diesen Blick auf die Häuser
und durch die Gärten hinunter zur Werse.
Nachdem die Bebauung mit Bootshäusern
endet, führt ein wiederum feiner Schotter-
waldweg am Ende zurück zur **Pleistermühle**.

*Das Natur-
schutzgebiet
umfasst eine
Fläche von rund 9 ha
und bietet als naturna-
he Flusslandschaft Le-
bensraum für zahlreiche
Tier- und Pflanzenarten.
Passen Sie hier beson-
ders auf Ihren Hund auf.*

Kalkulieren Sie für diese Hunderunde ungefähr eine Zeit von
90 Minuten ein, wenn Sie zügig
marschieren. Wenn Sie Ihrem Hund
aber immer wieder die Möglichkeit
geben, ins Wasser zu gehen oder
zu schnuppern oder Stöckchen
zu suchen, dauert es natürlich
länger.

*Frauchen schreit immer so schön,
wenn ich mich neben sie stelle!*

Noch nicht müde? Ihr Hund ist noch nicht ausgepowert? Kein Problem, ganz Eifrige können ungefähr eine gleich lange Strecke an der Werse entlang zusätzlich in Richtung **Handorf** gehen. Hierzu überqueren Sie an der Pleistermühle die **Werse** am **Wehr** ❼ und folgen nach ca. 100 m links

haltend der Ausschilderung Richtung Handorf. Der Weg führt oberhalb der Werse zunächst bis zur **Warendorfer Straße**.

Am **Nobis Krug** ❽ in dem alten denkmalgeschützten Gebäude unterqueren Sie die **Warendorfer Straße** und werden an einem Acker bis zur **Pröbstingstraße** geführt. Halten Sie sich hier links und biegen Sie nach 100 m wieder links in das fein geschotterte **Wersepättken** ab.

Nach ca. 500 m halten Sie sich noch einmal links, Sie werden nun über die Werse geführt zum Denkmal **Boniburg** und sehen schon das alte **Burggartentor**. Nach Durchschreiten der Toranlage gehen Sie links an der Mauer entlang und nach weiteren 200 m links auf das Gelände des **Bischöflichen Gymnasiums St. Mauritz** ❾. Von hier folgen Sie dem **Hugerlandshofweg** in südliche Richtung, überqueren die mit Ampel gesicherte Warendorfer Straße und folgen dann der Ausschilderung zurück zur **Pleistermühle**.

Diese Verlängerung Ihres Weges macht etwa 4 km aus.

Achtung, erschrecken Sie sich nicht durch ein lautes Pfeifen, dann kreuzt nämlich gerade ein Zug von oder nach Telgte den Pleistermühlenweg und macht sich lautstark bemerkbar. Eine Schrankenanlage sichert Ihren Weg!

Kanal, Hafen, Schleuse

Freilaufzone & Freizeitareal

ALTERNATIVWEG

LAUFRICHTUNG

GREVENER STRASSE

KANALSTRASSE

COERDE

P 3

SCHIFFAHRTER DAMM

Sudmühle

NORD RECKENFELD

RICHTUNG RIESELFELDER

ZENTRUM

2 7

SCHLEUSE

MAURITZ

Hafen

Polizei

WARENDORFER STRASSE

HANDORF

WESELER STRASSE

HAMMER STRASSE

HBF

HAFENRING

1

P

ALTER STEINWEG

HAFENSTRASSE

VOLKSGARTENSTRASSE

NORDSTRASSE

PROZESSIONSWEG

Nobis Krug

B51

PLEISTER MÜHLE

B51

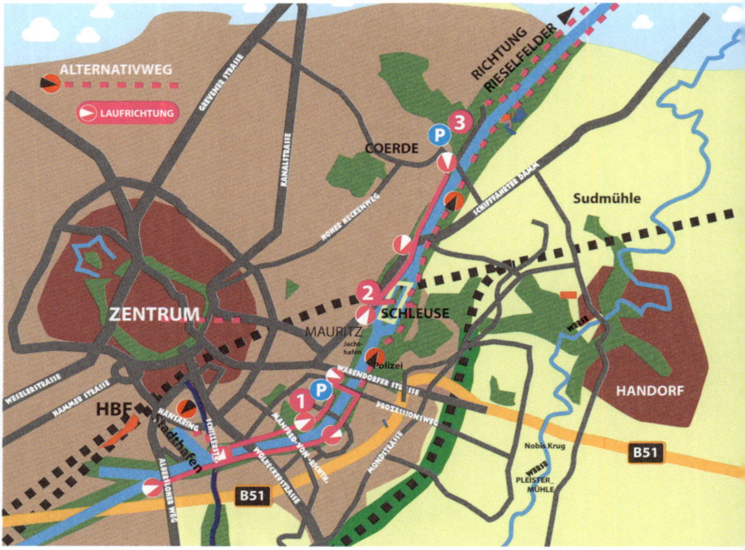

3 verschiedene Spazierwege am Ufer, über Wiesen und durch Gehölze
Hundefreilaufzone und Leinenpflicht
Möglichkeiten für Hunde, ins Wasser zu gehen

Der Dortmund-Ems-Kanal verbindet als Bundesschifffahrtsstraße Dortmund mit Papenburg an der Ems. Die rund 250 km lange Verbindung wurde Ende des 19. Jh. gebaut. Durch den zeitgleich erfolgten Bau des Hafens sorgte er für einen wirtschaftlichen Aufschwung der Stadt Münster. Er ist ein vielgenutzter Verkehrsweg für Schiffe beim Transport von Massengütern.

Wasser, Gehölz, Wiesen und herrliche Uferwege – herzlich Willkommen am **Dortmund-Ems-Kanal** ❶, oder kurz Kanal, der östlich an Münster vorbeiführt. Und das Tolle: Hier herrscht keine Leinenpflicht. Also, nehmen Sie Ihren Vierbeiner und machen Sie einen Ausflug zu den **Kanaluferwegen**. Da es zwischendurch immer wieder Brücken gibt, können Sie selbst entscheiden, wie lange Sie Ihren Hund ausführen wollen.

Für viele Bürger ist der Kanal mit seinem Umfeld inzwischen ein **großes Freizeit-areal** . Angler, Schwimmer, Jogger, Fahrradfahrer, Ruderer nutzen ihn ebenso wie Sportboote und Ausflugsdampfer und natürlich Spaziergänger mit und ohne Hund. Begünstigt durch seine gute Wasserqualität und die begrünten Flächen auf beiden Seiten verwandelt sich das Kanalumfeld im Sommer in ein weitflächiges **Freibad für viele Münsteraner**.

Nicht immer entspannt für uns! An Sonnenwochenenden weiß ich häufig gar nicht, wo ich denn nun überhaupt noch in Ruhe auf den Wegen laufen kann.

Machen Sie sich also keine Sorgen, wenn Ihr Vierbeiner mit dem Kanalwasser seinen Durst löscht.

So idyllisch es auch am Kanal ist, es kann auch schon mal ganz schön voll sein, besonders am Wochenende und bei gutem Wetter. Dann verwandeln sich die Wiesen, v.a. in Stadtnähe, in große **Liegewiesen** und **Grillplätze**, und die Wege sind voller **Spaziergänger** und **Radfahrer**.

Lassen Sie sich durch die vielen Baustellen entlang des Kanals nicht beirren. Denn, um eine durchgängige, leistungsstarke Wasserstraße für Großmotorgüterschiffe und Schubverbände vorzuhalten, muss ein Teil des Dortmund-Ems-Kanals ausgebaut werden. Münster ist hier ein besonderes **Nadelöhr**.

Neben dem Neubau der Zwillingsschleuse (2013) gehören auch Verbreiterungen des Kanalbetts, Ersatz von Kanalbrücken durch breitere Neubauten und der Neubau von Brücken und Dükern - Druckleitungen, um Bäche oder Abwasserleitungen unter dem Kanal hindurchzuführen - dazu. Dieses „Jahrhundertprojekt" ist in vollem Gange und verändert an einigen Stellen ganz schön die Umgebung des Kanals und sorgt auch schon mal für Umleitungen.

 **Tour 1:**

Ab Prozessionsweg in südlicher Richtung mit Abstecher in den Hafen
Starten Sie Ihre Hunderunde am besten am **Prozessionsweg**. Hier gibt es an der Straße viel Platz zum Parken – kostenlos. Von hier

aus können Sie nördlich und südlich gehen. Der schönere und längere Weg ist nach Süden, sowohl für Hunde als auch für Herrchen und Frauchen.

Machen Sie den Spaziergang am Morgen, bleiben Sie auf der westlichen Seite und genießen Sie hier die Morgensonne. Sind Sie jedoch ab Mittag unterwegs, überqueren Sie den Kanal und Sie sind auf der Sonnenseite. Es ist zum Laufen die schönere Seite, weil Sie von hier aus auf die **Silhouette der Innenstadt** schauen. Es soll ja nicht nur Ihr Vierbeiner auf seine Kosten kommen, der übrigens auf diesem Weg die einzige Möglichkeit hat, ins Wasser zu gehen.

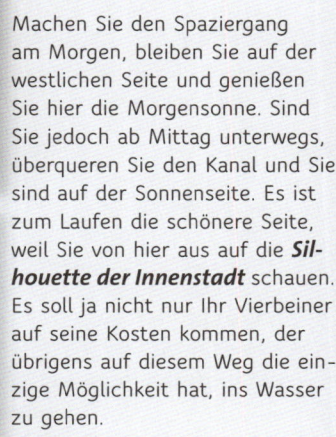

Vom **Kanaluferweg** haben Sie am Horizont die ganze Zeit den **Fernsehturm** vor Augen. ❹ Die 1. Brücke ist am **Pleistermühlenweg** und dann geht's los für unsere Fellnasen.

Von hier bis zur Folgebrücke – **Laerer Land-weg-Brücke** an der **Manfred-von-Richt-hofen-Straße** – liegen Steine am Wasser und die Hunde können über sie ins Wasser gehen, springen und dann schwimmen und planschen, alles kein Problem bei der guten Wasserqualität. Nicht selten sieht man hier Hundehalter, die unermüdlich immer wieder Stöckchen ins Wasser werfen und diese von ihrem Vierbeiner herausholen lassen. Das ist die einzige Stelle, an der die Hunde ins kühle Nass springen können.

Die nächste Brücke ist die **Wolbecker-Straßen-Brücke**, in diesem Bereich hat man einen wunderbaren Blick auf den Kirchturm der Herz-Jesu-Kirche.

Links ist das Gelände des Sportvereins TuS Saxonia, rechts des RVM Ruderclubs, der allerdings demnächst ein neues Areal bezie-hen wird. Wenn Sie kurz vor der folgenden Brücke – der **Schillerbrücke** – diagonal nach vorne rechts schauen, sehen Sie schon die Schornsteine von Münsters Industriegebiet am Hafen.

 Achtung! Der Uferweg ist nicht nur Freilauf-strecke für uns, sondern manches Mal auch eine viel befahrene Fahrradstraße. Werktags und an Tages-randzeiten ist das kein Problem, aber an Wochen-enden, v.a. bei schönem Wetter, ist es ganz schön anstrengend, sich zwischen den klingelnden Leezenrit-tern zurecht zu finden.

Hinter der Schillerbrücke schauen Sie rechts in das **Hafenbecken** ❺. Genießen Sie von hier einen wunderbaren Blick auf Münsters hippes Hafenviertel mit der tollen Außengas-tronomie, den Künstlerateliers und Büros der Kreativen.

Wenn Sie jetzt den Hafen besuchen möchten, gehen Sie zurück, überqueren die Brücke und folgen der Schillerstraße in Richtung Innenstadt bis zum **Hansaring**. Wegen Bauarbeiten ist der Uferweg Richtung Hafen leider gesperrt. Hier biegen Sie links in die **Dortmunder Straße**, über die Sie zur Hafenpromenade gelangen.

Ich finde es hier schön!

Achtung! Nach schönen Sommerabenden besteht die Gefahr, dass am nächsten Tag der eine oder andere Glassplitter liegengeblieben ist.

Für den wenig schönen Umweg werden Sie belohnt. Den besonderen Reiz macht hier die Mischung aus umgebauten Speicherhäusern und **moderner Architektur** aus. Am Hafenbecken lockt das **bunte gastronomische Leben** mit Kneipen, Cafés und Restaurants.

Aber Sie können natürlich auch die gegenüberliegende Seite zum Flanieren nehmen. Neben dem **Wolfgang-Borchert-Theater** und

der **Hafenkäserei**  gibt es hier moderne Gewerbe- und Bürogebäude – und natürlich den wunderbaren Blick auf das gesellige Leben auf der Nordseite.

Nach dem sicherlich recht abwechslungsreichen Abstecher ins Hafenbecken geht's dann für Ihren Hund erschöpft von den vielen Eindrücken wieder zurück zum Ausgangspunkt. Laufen Sie den gleichen

Das Wolfgang-Borchert-Theater gehört zu den ältesten privaten Theatern in Deutschland.

Weg zurück, an der **Schillerstraße** entlang bis zur Brücke, biegen davor links zum Kanal ab und folgen dem Weg am Wasser nach Norden, bis Sie wieder an der Brücke am **Prozessionsweg** sind. Verlassen Sie dort den Uferweg und folgen dem Prozessionsweg zurück zu Ihrem Auto.

Tour 2:

Diese Zwillings-schleuse überwindet einen Höhenun-terschied von 6,20 m. Die Besonderheit der Schleuse besteht darin, dass zeitgleich jeweils zwei Schiffe in nördliche (Talfahrt) beziehungswei-se in südliche Richtung (Bergfahrt) geschleust werden können. Dazu wird schlicht das Wasser von einem Becken ins andere gepumpt.

Ab Prozessionsweg in nördlicher Richtung zur Schleuse

Wenn Sie vom Prozessionsweg zur **Schleuse** ⑩ wollen, empfehlen wir, sofort die Brücke z überqueren und den gegenüberliegenden **Kanaluferweg** ⑪, also die östliche Seite, zu nehmen. Denn der Weg am Westufer ist recht kurz, nur rund 600 m, und führt Sie dann durch ein Wohnviertel.

Hier folgen Sie dem Weg, unterqueren die Brücke **Warendorfer Straße** und passieren d rechts liegende Station der Wasserschutzpo-lizei. Am gegenüberliegenden Ufer können Sie die schönen Boote des **Monasteria Yachtclu Münster** erkennen. ⑫ Wenn Sie dem Weg weiter folgen, passieren Sie die **Schaustelle Kanal**, welche die Bau- und Kulturgeschichte des Dortmund-Ems-Kanals und der Binnen-schifffahrt zeigt. Wenn Sie dann die Schleusenbrücke überqueren, haben Sie nach nun 1,5 km das Gelände der Schleuse erreicht und können dort de Schiffen beim Schleusen zuschauen. Von dort geht's dann wieder zurück.

Tour 3:

Von Coerde zum „Kü"

Wenn Sie Ihren Hund am Kanal ausführen, aber bei gutem Wetter nicht das stadtnahe Treiben erleben möchten, fahren Sie nach Coerde und nutzen Sie den Zugang über **Königsbergerstraße/Rügenufer**, wo Sie Ihr Auto auch gut abstellen können. Hier haben Sie verschiedene Möglichkeiten, Ihren Hund rennen zu lassen:

1. Kurzer Weg

Vor der Brücke gehen Sie nach rechts, also südlich am **Samlandufer** entlang, unter den **Schifffahrter Damm** bis zur Schleuse (ca. 2 km). Interessant ist es, das Treiben an der **Schleuse**  zu beobachten, an der Sie über eine Treppe die Kanalseite wechseln können.

2. Langer Weg

Gehen Sie an der Brücke nach links, also nördlich, erreichen Sie nach ca. 3 km die 1. Brücke am **Hessenweg** oder nach 4,5 km die 2. Brücke an der **Gittruper Straße**. Hier können Sie „drehen", aber natürlich auch noch weiter gehen. Am Hessenweg geht's nach links in das Europareservat Rieselfelder (->S. 76ff).

Wenn's noch weiter gehen soll...

...folgen Sie weiter dem Kanal. Schon bald erreichen Sie den Bereich der „KÜ", der **Kanalüberführung**, wo der Kanal die Ems kreuzt und über sie geführt wird. ⑭ Die alte „KÜ" nach ca. 2 km ist heute ein faszinierendes Industriedenkmal. Das ganze parkähnliche Areal bis dahin bietet viele Spazierwege und Flächen für Ihren Hund zum Toben und Spielen.

🐾 *Die alte Kanalüberführung bei Münster-Gelmer ist ein bedeutendes Industriedenkmal aus dem ausgehenden 19. Jahrhundert. Diese Trogbrücke war seinerzeit eine Meisterleistung des Wasserstraßenbaus.*

Aktuell ist dieses Areal eine Großbaustelle, weil im Zuge der Erweiterung des Dortmund-Ems-Kanals die Kanalüberführung durch eine Doppeltrogbrücke ersetzt wird, 2026 soll sie stehen.

Achtung Großbaustelle!

Tiergarten Wolbeck

Naherholungs- & Naturschutzgebiet

AUF EINEN BLICK:

300 ha Naherholungsgebiet, Naturwaldzelle Angelaue mit Feuchtwiesen und Gewässerbiotopen

Naturlehrpfad mit 16 Informationspunkten

Dauer des vorgeschlagenen Rundwegs: 1,5 Stunden

Etwas abseits vom Zentrum liegt gut 7 km südlich der Stadtteil Wolbeck mit seinem 300 ha großen Tiergarten. Dieses Areal zählt zu den **wichtigsten Naherholungsgebieten der Stadt** und bietet viele Wandermöglichkeiten für Hund und Hundehalter. Sie erreichen es sowohl über die **Drostenhofstraße** als auch mit dem Auto direkt vom Parkplatz an der **Alverskirchener Straße**.

Leinenpflicht!

Eine „Hunderunde" durch den Wolbecker Tiergarten ist absolut lohnenswert – für Sie und Ihren Vierbeiner. Dieses **Naturschutzgebiet** zählt zu den ältesten Waldgebieten des Münsterlandes. Es bildet einen großen Laubwaldkomplex mit naturnahen Flecken, in denen reges Leben herrscht. Da hat Ihr Hund viel zu entdecken, zu hören und zu schnuppern.

Ursprünglich war der Wald den Fürstbischöfen von Münster vorbehalten, zur Jagd und zur Erholung. Davon zeugt das noch heute vorhandene Wegenetz. Die auch noch vorhandene, größtenteils von heckenartigen Gehölzen gesäumte Wallanlage aus dem 17. Jahrhundert um den Tiergarten herum sollte einerseits verhindern, dass bei der Jagd Wild aus dem Gehege entwich und andererseits die Bevölkerung daran hindern, Holz zu schlagen.

Mit Ihrem Vierbeiner haben Sie weitläufige Möglichkeiten, einen kleinen oder längeren ausgeschilderten Rundweg zu gehen. Oder Sie folgen dem ausgeschilderten **Naturlehrpfad** mit insgesamt 16 durchnummerierten Informationspunkten. Dabei werden Sie über einen Rundkurs von 6,2 km zu den Sehenswürdigkeiten und Naturschönheiten des alten Waldgebietes geführt und erfahren Interessantes über die Geschichte des Gebietes. Unterwegs können Sie Buchen- und Eichenwälder, **Baumriesen** mit dicken Stämmen und knorrigen Wurzeln und „Urwälder" mit seltenen Tierarten erleben. Aber natürlich

können Sie Ihren Hund auch durch zahlreiche andere unbefestigte Wege durch den Tierpark führen. Das Areal bietet überwiegend bewaldete Strecken, so dass

auch die Spaziergänge im hohen Sommer bei intensiver Sonne nicht zu anstrengend werden müssen, denn nicht jeder Vierbeiner liebt bei warmen Temperaturen längere Ausläufe.

Sie haben die Möglichkeit, eine schöne Runde in einer Länge von ca. 30 Min. zu machen, oder auch problemlos verschiedene Wege einzuschlagen und locker bis zu zwei Stunden hier zu verbringen.

Vorbei am **Drostenhof** , der noch heute das Ortsbild von Wolbeck prägt, gelangen Sie über die **Drostenhofstraße** in den Tiergarten.

Folgen Sie der Drostenhofstraße, bis Sie auf das Flüsschen Angel stoßen, hier führt rechts der Illa-Andreae-Weg in den Wald. Sie durchlaufen einen wunderbaren „Eiben-

tunnel". Er wirkt wie eine Allee, die als schmaler Weg durch den ehemaligen Kurpark in den nicht weit entfernten Tiergarten führt. Am Übergang stehen an der Angelwiese zwei **neubarocke Torpfeiler** aus dem 19. Jahrhundert.

Die Angel ist ein 38,2 km langer Nebenfluß der Werse in Nordrhein-Westfalen. Sie entspringt ca. 2 km östlich von

Die Orientierung im Tiergarten ist ganz einfach, da die Wege insgesamt schachbrettmusterartig angelegt sind. An den Haupteingängen zum Tiergarten sind jeweils übersichtliche Pläne aufgestellt.

Aber aufgepasst: Die Wege sind nicht alle gleich gut zu begehen. Im Großen und Ganzen gestaltet sich der Boden als befestigter Waldboden oder als befestigter Schotter- oder Straßenbelag.

Der älteste Teil des Drostenhofs von 1545 ist das mit Erkern verzierte Torhaus. Dahinter befindet sich das 1557 errichtete Herrenhaus, ein Backsteinbau im Stil der Frührenaissance. Der Drostenhof ist Eigentum der Familie Graf von Merveldt, die über Generationen das Amt des Drosten zu Wolbeck führte und schon seit 1389 eine sehr enge Verbindung zu Wolbeck hatte.

Neubeckum und mündet in Angelmodde in die Werse.

Wenn Sie diesem Weg in den Wald folgen, gehen Sie über die **Brücke über die Angel** ③ und dann nach links, bis an einer weiteren Brücke ein zusätzlicher Weg in dieses Naturschutzgebiet führt. Das ist der Weg über die **Alverskirchener Straße**. Wir empfehlen Ihnen einen Rundweg, der an dieser Stelle startet, egal, über welche der beiden Straßen Sie hierhin gekommen sind.

Dieses ist auch der offizielle bzw. Haupteingang in das Naturschutzgebiet. Hier liegt ein Parkplatz, auf dem Sie Ihr Auto kostenfrei abstellen können und eine Gebietskarte führt Sie in den Tiergarten ein.

Von hier aus folgen Sie rund 400 m der asphaltierten Straße bzw. direkt daneben dem Waldweg geradeaus in den Tiergarten hinein, überqueren die Angel und stoßen direkt auf einen Weg, der an der Angel entlangführt.

Von dem Eingangsbereich Alverskirchener Straße halten Sie sich hinter der Angel links, gehen entlang des Feuchtbiotops in die **Angelaue**. Hier ist es v.a. im Mai recht laut, wenn aus den Kehlen der Laubfrösche ein stimmgewaltiges Konzert erschallt.

Sie folgen dem Weg und kommen bald an das ehemalige **Fürstbischöfliche Jagdhaus** ❹.

Fürstbischof Franz Arnold v. Wolff-Metternich zu Gracht (1707-1718) ließ nach Plänen des Barockbaumeisters Gottfried Laurenz Pictorius dieses Jagdhaus erbauen. Über dem Haupteingang befindet sich das Wappen des Fürstbischofs mit der Jahreszahl 1712. Das unter Denkmalschutz stehende Gebäude ist heute im Privatbesitz.

Gegen-über sehen Sie einen **barocken Grenzstein** ❺.

Der Tiergarten war bis zur Säkularisation Eigentum und Jagdgebiet der Bischöfe von Münster. Fürstbischof Clemens August von Bayern (1719-1761) ließ das Gebiet eingrenzen und mit Grenzsteinen markieren. Dieser letzte noch vorhandene „Grenzstein" stand bis 1948 an einem Ausgang an der Alverskirchener Straße. Er trägt die Initialen „CA" für Clemens August, den Kurfürstenhut und die Jahreszahl 1740. Er ist der einzige im Stadtgebiet von Münster noch vorhandene Grenzstein aus barocker Zeit.

Hinter dem alten Jagdhaus werden Sie auf eine der Nordsüdachsen geleitet, die Sie längst durch das Naturschutzgebiet führen. Dabei sehen Sie immer wieder, dass ein Teil der Wälder als **„Naturwaldzelle"** ❻ ausgewiesen ist. Das heißt, dass der Wald sich selbst überlassen bleibt, Alt- und Totholz zunehmen und umgestürzte Bäume liegen bleiben dürfen. So entsteht ein Stück Urwald von morgen – beeindruckend für die Spaziergänger, interessant für die ökologische Forschung und Lebensraum für zahlreiche Insekten-, Vogel- und Fledermausarten, sogar Waschbären sind hier gesichtet worden. Im Frühjahr schallen die Rufe von Bunt-, Schwarz- und dem seltenen Mittelspecht durch den Wald. Zwischendurch finden Sie immer wieder Bänke, die zur Rast einladen.

Diesen Weg laufen Sie ca. 800 m entlang, biegen rechts ab und gehen weitere ca. 500 m, kurz bevor Sie an der Straße „**Am Steintor**" sind, die ebenfalls in den Wald führt, aber nur wenige Parkplätze und keine Informationstafeln hat.

Rasten ist ja sooo langweilig!

Kurz zuvor nehmen Sie rechts den Waldweg für ca. 800 m und passieren die südliche Bebauung Wolbecks. Wenn Sie über die Drostenhofstraße gekommen sind, biegen Sie direkt vor der Angel links ab, folgen dem Weg und erreichen direkt Ihren Ausgangspunkt.

Sind Sie über die Alverskirchener Straße gekommen, lohnt es sich, kurz diesen Weg vor der Angel einzuschlagen, denn dort sehen Sie links die alte Toranlage des ehemaligen Kurhauses und blicken auf den rückwärtigen Bereich des **Drostenhofes** 7. Dann gehen Sie zurück in den Wald, überqueren die Angel und halten sich links bis zum nächsten Weg aus dem Wald heraus, der direkt auf Ihren Parkplatz stößt.

Haus Wiek

Gräftenhof mitten in der Natur

AUF EINEN BLICK:

> Naturschutzgebiet
> Felder und Laubwald
>
> Dauer: ca. 2 Stunden

Ein Spaziergang mit Ihrem Hund durch das **Naturschutzgebiet** Haus Wiek in Albachten bietet vor allem Naturgenuss. Sie laufen entlang eines Baches, passieren eine mittelalterliche Hofanlage, können Felder umrunden und sehr lange Runden durch ein Waldgebiet mit befestigten Wegen unternehmen. An einigen Stellen darf Ihr Vierbeiner auch **ohne Leine** gehen. Achten Sie aber darauf, dass er bei Fuß geht.

Ganz im Westen liegt der Stadtteil **Albachten** Für viele Münsteraner ist er etwas unbekannt. Sie erreichen ihn über die **Weseler Straße** in Richtung Dülmen, an der großen Kreuzung im Ort biegen Sie links in Richtung Senden ab. Nach ca. 50 m fahren Sie hinter der **Kirche** ❶ rechts ab in Richtung Friedhof und können in Höhe des Friedhofs auf ausreichend vorhandenen seitlichen Parkplätzen parken.

Besonders schön ist es hier an heißen Sommertagen. Die Bewaldung bietet wunderbare schattige Wege und der Offerbach sowie die Gräfte erlauben es Ihrem Vierbeiner, sich auch einmal etwas abzukühlen.

Nun folgen Sie dem Verlauf der Straße bis zum **Offerbach**. Vor diesem Bach geht links ein befestigter Kiesweg ab, folgen Sie ihm über ca. 1 km in Richtung Süden. Nutzen Sie es aus: Hier darf Ihr Hund noch frei laufen, die Leinenpflicht beginnt noch früh genug.

An der linken Seite dieses Weges können Sie die kontinuierliche Vergrößerung des Ortsteils Albachten durch Neubaugebiete bis hin zum P+R-Parkplatz an der Bahnstrecke Münster-Recklinghausen verfolgen.

Auf der rechten Seite sehen Sie ein Ensemble von Gebäuden liegen. Es handelt sich um **Haus Wiek**, eine alte Hofanlage mit Gräfte.

Noch heute prägt die neugotische St. Ludgerus-Kirche das Stadtbild Albachtens. Der Grundstein wurde 1884 gelegt, 1977/78 bekam sie einen modernen Anbau.

Am Ende des Weges können Sie sich noch schnell mit Hundekotbeuteln ausstatten, wenn Sie keine eingesteckt haben.

Der mittelalterliche Hof Haus Wiek wurde 1612 erbaut. Das Herrenhaus des ehemaligen Adelssitzes und Gräftenhofs wurde Anfang 2000 aufwändig restauriert. Das fast vergessene Kleinod aus der Renaissance ist heute in Privatbesitz.

Direct gegenüber können Sie an dem **Heiligenhäuschen** ❸ innehalten („Maria ora pro nobis"). Häufig ist es mit frischen Blumen und brennenden Kerzen geschmückt.

Sie können jetzt den Weg nach rechts nehmen und direkt darauf zulaufen oder Sie laufen noch ein Stück weiter geradeaus und machen so einen kleinen Schwenker im Halbkreis, vorbei an einem Feuchtbiotop, der wieder auf den direkten Weg stößt.

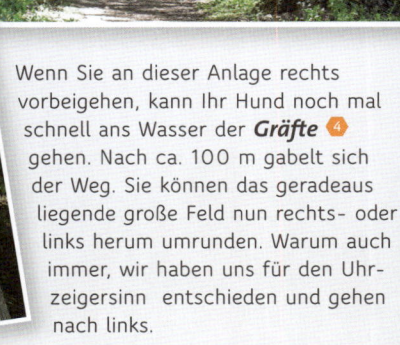

Wenn Sie an dieser Anlage rechts vorbeigehen, kann Ihr Hund noch mal schnell ans Wasser der **Gräfte** ❹ gehen. Nach ca. 100 m gabelt sich der Weg. Sie können das geradeaus liegende große Feld nun rechts- oder links herum umrunden. Warum auch immer, wir haben uns für den Uhrzeigersinn entschieden und gehen nach links.

Schon kurz darauf stehen Sie vor einem hölzernen Schlagbaum. Nun ist die große Freiheit für Ihren Hund vorbei.

Zunächst gehen Sie ein Stück entlang der nahe liegenden Bahnstrecke. Am Ende angelangt überqueren Sie den **Offerbach**. Nun haben Sie die Möglichkeit, rechts abzubiegen und weiter um das Feld zu gehen oder Sie dehnen Ihren Spaziergang

Ab hier gilt Leinenpflicht!

noch durch eine ausgedehnte Runde durch den Wald aus.

Dann laufen Sie einfach weiter geradeaus. Sie haben mehrere Möglichkeiten rechts abzubiegen, je nachdem, wie lange Sie laufen wollen.

Wenn Sie jeweils am Ende wieder rechts abbiegen, erreichen Sie erneut den Hauptweg, der Sie zurück zu dem Ausgangspunkt bei Haus Wiek führt.

An der letzten Gabelung, kurz bevor Sie den Wald verlassen, steht ein üppiger **Rhododendronbusch** ❺. Es lohnt sich, einmal dahinter zu schauen.

Dort stoßen Sie auf ein kleines Häuschen zum Gedenken an den **Hl. Hubertus** 6. Als Hundeliebhaber wissen Sie ja, dass der Hl. Hubertus u.a. **Schutzpatron der Hunde** 7 und Helfer gegen Tollwut ist. Da zahlreiche Hundeliebhaber ihren Vierbeiner hier ausführen, ist es eine schöne Geste, dieses Heiligen zu gedenken.

Ein kleines Stück weiter haben Sie noch einmal die Möglichkeit, sich auf einer **Bank** 8 auszuruhen, gestiftet vom MGV Albachten. Sie kommen wieder an einem Schlagbaum vorbei und überqueren erneut den Offerbach.

Ab hier heißt es wieder: Leine ab, wenn Sie wollen. Kurz darauf sehen Sie links **Haus Wiek** 9, biegen davor ab und folgen dem Weg entlang des Offerbachs wieder zum Ausgangspunkt an der Kirche.

Verhaltensregeln, Tipps & Infos

Hunde-Knigge

Partner und bester Freund des Menschen, Retter, Schnüffler, treuer Begleiter, Therapeut für Kranke und Behinderte - bei den Haustieren steht der Hund ganz weit vorn. In Münster allein leben rund 10.000 Vierbeiner. Sie sind aus dem Stadtbild der Westfalenmetropole nicht mehr wegzudenken.

Hunde müssen fast überall an die Leine, egal welche Größe und Rasse. Das gilt insbesondere für Fußgängerzonen, Hauptein-kaufsstraßen sowie Straßen und Plätze mit vergleichbarem Publikumsverkehr. Auch öffentliche, abgegrenzte Park-, Garten- und Grünanlagen fallen unter die **allgemeine Leinenpflicht**. So sieht es das **Landeshundegesetz in Nordrhein-Westfalen** vor, so gilt es auch in Münster. Münster erlaubt das Führen von Hunden ohne Leine in sog. Freilaufzonen. Es versteht sich von selbst, dass Hunde auf Kinderspielplätzen, in Sandkästen, auf Schulhöfen und Sportanlagen, in Schwimmbädern und auf den Wochenmärkten nichts zu suchen haben, auch nicht angeleint, worauf das Ordnungsamt Münster im **Merkblatt für Hunde-halter** gesondert hinweist.

Sonderregelungen gelten im Wald und in der freien Natur. Hier dürfen Hunde laut Landeshundegesetz auf den Wegen frei laufen. Voraussetzung ist, dass sie sich in direkter Nähe des Hundeführers aufhalten. Da, wo die Wälder ausgewiesene Natur- oder Landschaftsschutzgebiete sind, müssen Hunde allerdings an der Leine bleiben. Beachten Sie die aufgestellten Schilder. Wenn Sie Ihren Hund in den Brut- und Setzzeiten vom 1. März bis zum 30. September ausführen, hindern Sie Ihren Vierbeiner unbedingt daran, Jungtiere zu verfolgen oder deren Lebensräume zu stören.

Gehört Ihr Hund zu einer als „ge-fährlich" eingestuften Rasse, gelten andere Regeln. Dann muss Ihr Vierbeiner immer, auch außerorts, an einer **Leine** geführt werden und zusätzlich einen **Maulkorb** tragen. Das gilt, sobald Sie Ihr Privatgrund-stück verlassen und ganz besonders auch in Treppenhäusern, Fluren und Aufzügen und auf Zuwegen von Mehrfamilienhäusern.

Es sollte selbstverständlich sein, dass Sie die Verunreinigungen, die durch Ihren Hund verursacht werden, von Straßen, Wegen und Plätzen unverzüglich beseitigen. Münster leistet zur Unterstützung einen Beitrag und hat rund 80 Spender für **Hundekotbeutel** aufgestellt.

Diese Vorschriften einzuhalten, sind für einen verantwortungsbewussten Hundehalter eigentlich ganz normal. Halten Sie sich nicht daran, droht ein **Bußgeld** des Ordnungsamtes.

Ein absolutes No-Go ist es, wenn Ihr Hund an einem fremden Menschen hochspringt. Ebenso sollte es beim Spaziergang selbstverständlich sein, dass Ihr Hund einen anderen Hund, der an der Leine geführt wird, nicht bedrängt. Läuft Ihr Hund frei, sollte er nicht auf angeleinte Hunde zustürmen.

Gassi-Gehen tut gut und macht Spaß

Das Schönste für Ihren Hund ist es, wenn Sie die Leine nehmen und sich zu einem Spaziergang mit ihm aufmachen. Ein Hund braucht ausreichend Bewegung. Sonst kann er schnell gelangweilt und unzufrieden werden, was wiederum zu Verhaltensstörungen führt, gefolgt von gesundheitlichen Problemen wie Übergewicht, Arthrose und Diabetes.

Tipps fürs Gassi-Gehen:

- 🐾 Warten Sie nach dem Fressen mind. 1-2 Stunden mit dem Spaziergang, um einer Magenumdrehung vorzubeugen.
- 🐾 Gehen Sie mindestens 3x am Tag für jeweils mindestens 15 Min. mit Ihrem Hund heraus. Da jeder Hund anders ist, passen Sie Ihre Spaziergänge an Alter und Fitnessniveau an.
- 🐾 Halten Sie sich an die vorgegebene Leinenpflicht.
- 🐾 Lassen Sie Ihren Hund nur in Freilaufzonen ohne Leine laufen, aber nur, wenn das Zurückkommen eintrainiert ist.
- 🐾 Geben Sie besonders Acht, wenn Kinder oder andere Haustiere in der Nähe sind, und vermeiden Sie Konfrontationen.
- 🐾 Befestigen Sie die Hundeplakette am Halsband Ihres Hundes, damit er im Falle eines Entlaufens identifiziert werden kann.
- 🐾 Asphaltgänge unterstützen die Krallenpflege.
- 🐾 Meiden Sie Asphalt bei extremer Hitze, da durch die Aufheizung die Pfoten verletzt werden können.

☻ Achten Sie darauf, dass bei scharfkantigen Steinen, Rollsplit und Muscheln Verletzungsgefahr besteht.

☻ Streusalz im Winter birgt Entzündungsgefahr.

☻ Planen Sie Trinkmöglichkeiten ein, nehmen Sie bei Bedarf frisches Wasser mit.

☻ Nutzen Sie bei extremer Hitze oder Kälte entsprechende angenehmere Tageszeiten für Ihre Runde.

☻ Wenn Sie in der Dunkelheit unterwegs sind, denken Sie an reflektierende Halsbänder oder Leuchtanhänger.

☻ Bauen Sie bei wenig Abwechslung für Ihren Hund Trainingseinheiten ein, nehmen evtl. Spielzeug mit und denken Sie an Leckerlies zur Belohnung.

☻ Denken Sie daran: Sie führen Ihren Hund, nicht Ihr Hund Sie. Sie müssen als Rudelführer akzeptiert werden.

☻ Suchen Sie Ihren Hund anschließend nach Ungeziefer ab.

Mit dem Hund im Bus unterwegs

In Münster nehmen die Stadtwerke in ihren Bussen Hunde **kostenlos** mit. Für das Busfahren geben die Stadtwerke folgende Tipps:

☻ Ein- und Ausstieg: Zuerst Sie, dann Ihr Hund. Denn wer vorgeht, hat die Kontrolle. Damit zeigen Sie auch Ihre Rücksicht auf die anderen Fahrgäste. Dasselbe gilt beim Verlassen des Busses. Sie gehen vor. Das ist vor allem für Ihre Sicherheit wichtig, weil nicht selten Radfahrer an anhaltenden Bussen noch schnell vorbeifahren.

☻ Platz nehmen: Sie suchen den Sitzplatz aus, nicht Ihr Hund. Und: Ihr Hund gehört nicht auf die Sitze. Der beste Platz ist im Fußraum vor oder unter Ihrem Sitz. Die Stadtwerke bieten kostenloses Busfahrtraining an. Weitere Infos auf: stadtwerke-muenster.de/blog/verkehr/bei-vollbremsung-leckerli oder hundeschule-gowin-muenster.de

Hundeveranstaltungen in Münster

Jeweils im Januar findet in der Halle Münsterland die große Hundemesse **DOGLIVE** statt.

Der Windhundrennverein veranstaltet zwei **Jederhundrennen** pro Jahr, und zwar zu Christi Himmelfahrt und am Wochenende nach dem 3. Oktober (wrv-muenster.de).

Hunde willkommen!

MÜNSTERANER UNTERNEHMEN MIT ♥ FÜR HUNDE STELLEN SICH VOR

Erphostraße 2 | Telefon 0251 3458

Kasi's KLING-KLANG
Die Kultkneipe im Erphoviertel

MÜNSTERS ERSTE ADRESSE FÜR HOT DOGS

★ ★ ★
HOT DOG STATION
MORTHORST AMERICAN FOOD

since 1992
HOT DOG STATION
MORTHORST AMERICAN FOOD
★ ★ ★

Wer hat noch nicht bestellt?

**Mo-Fr: 11-19:30 Uhr
Sa: 11-18:00 Uhr**

Morthorst American Food, Inh. Jutta Morthorst · Bolandsgasse 4 · 48143 Münster

---

LIT:FASS
Biergarten im Hof

Küche, Kneipe, Biergarten
Catering, ausgesuchte
Weine – alles jovel!
geöffnet ab 17:00 Uhr
sonntags ab 16:30 Uhr
dienstags geschlossen

DOGS WELCOME

DAHLWEG 10 · · 0251 775371

Draußen bleiben?! Quatsch.

Artige Hunde sind im Gasthaus
immer willkommen – wir belohnen
sie mit leckeren Hunde-Keksen in
100 % weizenfreier Bio-Qualität.
Herrchen und Frauchen kriegen
schließlich auch was Leckeres!

GROSSER
Kiepenkerl
GASTHAUS

SPIEKERHOF 45 | 48143 MÜNSTER
TÄGLICH AB 12 UHR | 0251/40335
GROSSER-KIEPENKERL.DE

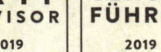

café/restaurant/bar
CAPUTO's

... genüsslich genießen

Persönliche und rasante Lieferung

Leezenkiepe für Münster

 Taggenaue und direkte Lieferung

 Umweltschonend und ökologisch

 Lieferung im Umkreis von 15 km
um die Innenstadt von Münster

 Transport mit einem Lasten E-Bike

 Lieferung mit Mehrwegbehälter

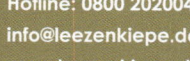

Hotline: 0800 2020044
info@leezenkiepe.de
www.leezenkiepe.de

PFOTOKUNST

Individuelle Tierfotografie aus Münster
Lass die Liebe zu deinem Hund als Kunstwerk dein Zuhause verschönern

www.pfotokunst.de

Goldköpfe
macht aus Ihrem Liebling Kunst!

Atelier Goldköpfe
Rothenburg 34
48143 Münster
Tel 0251.4145880

Leinwandbilder als
Unikat nach Ihrer
Fotovorlage-auch
hinter Plexiglas!

Ihr treuer Begleiter rund um
Ihr Immobilienanliegen

Im Herzen von Münster, einer der lebenswertesten Städte Deutschlands, berät Sie unser Engel & Völkers Team Münster in allen Fragen rund um die Vermittlung von hochwertigen Wohn- und Gewerbeimmobilien in und um Münster. Neben einer für Sie kostenfreien und unverbindlichen Erstberatung bieten wir Ihnen die Marktpreiseinschätzung Ihres Objektes, entwickeln eine gezielte Vermarktungsstrategie und führen den Verkauf Ihrer Immobilie auf zügigem Wege zum Erfolg. Unabhängig davon ob Sie kurz- oder eher langfristig Immobilienbedarf haben: Nutzen Sie die Gelegenheit und rufen Sie uns an – oder besuchen Sie uns in der Bogenstraße 15/16 in Münster. Wir freuen uns auf Sie!

Münster
Telefon +49-(0)251-609310 · muenster@engelvoelkers.com
www.engelvoelkers.com/muenster · Immobilienmakler

ENGEL&VÖLKERS®

REGISTER

BILDNACHWEIS/COPYRIGHT

Fotografien: Birgit Leimann; Stadtpläne: Michael Krybus; Karikatur: Arndt Zinkant

Der Bildnachweis wurde mit großer Sorgfalt und auf Basis der dem Verlag bekannten Fakten erstellt. Sollten trotz sorgfältiger Recherche nicht alle Rechteinhaber ermittelt worden sein, werden berechtigte Ansprüche selbstverständlich im Rahmen der üblichen Vereinbarungen abgegolten.

DANKE

sagen wir den Schauspielern Leonard Lansink und Oliver Korittke, die Kiras Charme erlegen sind und sich für ihr Fotoalbum und für diesen Stadtführer mit ihr fotografieren ließen (S. 46). Beide können sicher sein, dass Kira sie immer wieder zum Hundebotschafter des Jahres wählen wird.

HINWEIS

Öffnungszeiten, Veranstaltungsdaten, Anschriften und Web-Adressen können Änderungen unterliegen. Gleiches gilt auch für Baustellen, die plötzlich die Wege und die Landschaft verändern. Die in diesem Werk enthaltenen Informationen sind mit größter Sorgfalt zusammengestellt und geprüft worden. Allerdings kann trotz intensiver Recherchen keine Haftung für die Richtigkeit der Informationen übernommen werden. Für Anregungen und Hinweise sind wir dankbar.

IMPRESSUM

© 2019 münstermitte medienverlag GmbH & Co. KG, Münster
www.münstermitte-medienverlag.de

Satz, Layout & Covergestaltung: Michael Krybus, Münster
Druck: Bitter & Loose GmbH, Greven

ISBN: 978-3-943557-53-4